Raúl García García

ÁLVARO SIZA
A la luz de la luz de la arquitectura

García García, Raúl
Álvaro Siza. A la luz de la luz de la arquitectura / Raúl García García. - 1ª ed . - Ciudad Autónoma de Buenos Aires : Diseño, 2024.
   228 p. ; 21 x 15 cm. - (Textos de arquitectura y diseño / Camerlo, Marcelo)
   ISBN: 978-1-64360-828-0
   1. Arquitectura . 2. Teoría. 3. Investigación.
   CDD 720.1

Textos de Arquitectura y Diseño

Director de la colección:
Marcelo Camerlo, arquitecto

Diseño de tapa:
Liliana Foguelman

Diseño gráfico:
Cecilia Ricci

Imagen de portada:
Joan Maravilla

Hecho el depósito que marca la ley 11.723

La reproducción total o parcial de esta publicación, no autorizada por los editores, viola derechos reservados; cualquier utilización debe ser previamente solicitada.

© de los textos, Raúl García García
© de las imágenes, sus autores
© del prólogo, Alberto Campo Baeza
© del epílogo, Fran Silvestre
© 2024 de la edición, Diseño Editorial

ISBN: 978-1-64360-828-0

Marzo de 2024

Raúl García García

ÁLVARO SIZA
A la luz de la luz de la arquitectura

diseño

ÁLVARO SIZA
A LA LUZ DE LA LUZ
DE LA ARQUITECTURA

ÍNDICE

8   PRÓLOGO
    A LA LUZ DE LA LUZ DE LA ARQUITECTURA
    por Alberto Campo Baeza

14 EXORDIO

20 **PRIMER MOVIMIENTO:**
    ÁLVARO SIZA Y LA LUZ NATURAL

21 ÁLVARO SIZA
21 Encuadre Histórico y Contextualización
22 Reflejos del pasado

43 FIAT LUX: HACER LA LUZ TANGIBLE
43 Luz física. Luz fenomenológica. Luz metafísica
51 Dibujar la Luz
58 Modelar la Luz
62 Construir la Luz

74 **SEGUNDO MOVIMIENTO:**
    LA IGLESIA DE SANTA MARÍA EN MARCO
    DE CANAVEÇES

75 ORIGEN Y CONTEXTUALIZACIÓN
75 Introducción
78 Origen del encargo

82	ANÁLISIS OBJETIVO: REALIDAD FÍSICA DE LA OBRA
82	El contexto físico
89	El espacio construido
113	La luz como elemento físico: Tipología de la luz
133	ANÁLISIS SUBJETIVO: REALIDAD FENOMENOLÓGICA DE LA OBRA
133	El contexto fenomenológico
136	El espacio aprehendido
142	La luz como elemento sensitivo. Fenomenología de la luz
156	ANÁLISIS SEMIÓTICO: REALIDAD METAFÍSICA DE LA OBRA
156	El contexto metafísico
161	El espacio interpretado
178	La luz como elemento metafísico. Simbología de la luz
188	**TERCER MOVIMIENTO: COROLARIO**
200	**EPÍLOGO** **EL ELOGIO DE LA LUZ** por Fran Silvestre
204	**ENTREVISTA A ÁLVARO SIZA**
218	**BIBLIOGRAFÍA**

PRÓLOGO
A LA LUZ DE LA LUZ
DE LA ARQUITECTURA

Que un arquitecto escriba sobre la LUZ, debería ser no sólo habitual, sino lo más natural del mundo. La LUZ es el primero y más importante material con el que trabajamos los arquitectos. Así lo demuestra la Historia de la Arquitectura desde el maravilloso Panteón de Roma hasta los prodigiosos milagros de LUZ de Bernini, o las obras luminosas de Le Corbusier.

¿Cómo podríamos no leer con todo interés, estudiar, este A LA LUZ DE LA LUZ DE LA ARQUITECTURA? Ya desde el título se despierta todo nuestro interés. Les aseguro que no les defraudará.

El libro procede de la Tesis Doctoral de su autor sobre el tratamiento de la LUZ del arquitecto portugués Alvaro Siza Vieira y de manera especial de una hermosísima obra del maestro que es la iglesia de Santa Maria en Marco de Canaveçes.

Y al hilo de sus disquisiciones sobre obra tan hermosa, Raúl García nos va dando una lección sobre cómo el maestro portugués emplea allí la LUZ como primer y principal material de la Arquitectura.

Si un día, para azuzar a los arquitectos me inventé la existencia de unas Tablas de la Luz hechas y perdidas por Bernini y encontradas y usadas por Le Corbusier, puedo decir ahora que este texto de Raúl García cumple y bien esa función de subrayar la importancia de la LUZ en la Arquitectura.

La LUZ, como no podía ser menos, es tema principal en la hermosísima obra construida de Raúl García. Nos dice el arquitecto que su misión es "crear espacios que mejoren la vida de las personas y superen sus expectativas, apoyado en la creatividad, la confianza y el trato humano". Y todo ello, y mucho más, empleando el material más lujoso que puede emplear un arquitecto, la LUZ, y que, además, se nos da gratuitamente.

"La LUZ dibuja, modela y construye la Arquitectura" nos dice el autor.

Si leen con atención este texto, si lo estudian y toman notas, aprenderán mucho, y disfrutarán mucho más.

¡Bienvenidos al mundo de la LUZ!

Alberto Campo Baeza
Madrid, enero de 2023

"Sus formas como moldeadas por la luz, tienen una engañosa sencillez: son honestas. Solucionan directamente los problemas de diseño[...]. Sin embargo, tras un examen más detenido, esta sencillez se revela como una gran complejidad. Hay una sutil maestría subyacente a lo que parecen ser creaciones naturales." [1]

---

[1] Lacy, B., (1992) Fallo del Jury del Pritzker Prize 1992. Traducido del original, disponible en inglés en: www.pritzkerprize.com (consultado en 20 de enero de 2016).

"A diferencia de muchas lenguas, el castellano permite diferenciar entre lo simple y lo sencillo. Recordemos: lo simple es llano, fácil, falto de profundidad. Lo sencillo es certero, esencial, preciso, sobrio, escueto, claro y puede también ser modesto. Es justamente la modestia, la falta de pretensión, lo que une lo simple con lo sencillo. Pero en lo primero modestia se traduce por humildad y, a veces, en cierta falta de ambición. En lo sencillo, la falta de pretensión es consecuencia de un esfuerzo, de la voluntad de reducir a lo irreductible sin renunciar a la ambición." [2]

Esa sencillez es la que ofrece la arquitectura de Siza: esencial y precisa con la presencia de los mínimos elementos necesarios; pero tremendamente ambiciosa en su búsqueda de la belleza.

---

[2] Zabalbeascoa, A. (2020) 'Diferencia entre simple y sencillo', en *El País* (versión digital), 28 de enero de 2020.

EXORDIO

La luz es sin duda un material fundamental en la configuración del espacio arquitectónico. Su presencia revela el espacio. Sin embargo, su papel en el espacio-tiempo arquitectónico va mucho más allá de permitirnos ver la realidad construida. La identidad y el carácter propios del espacio arquitectónico vienen en buena parte definidos por el diálogo que se establece entre la luz y la ausencia de ésta –la sombra- con el espacio mismo.

No es posible encontrar a lo largo de la Historia de la Arquitectura una obra que sea ajena a los efectos de la luz.

Frente a la incapacidad de controlar las propiedades de la luz actuando en el origen de su naturaleza física, los arquitectos se han visto empujados a desarrollar cada vez más complejas estrategias proyectuales con el fin de domesticar la luz y modelarla a su voluntad para generar el diálogo luz-espacio pretendido en cada caso.

Las propiedades del espacio-tiempo arquitectónico dependen, por encima de todo, de la interacción entre la luz y dicho espacio. Sin embargo, no es habitual que el arquitecto proyecte a partir de una reflexión consciente sobre la manera de escribir ese diálogo entre ambos: este hecho es suficiente justificación sobre la necesidad de este libro.

A través de sus páginas, nos sumergiremos en el carácter material de la luz natural y su potencial configurador, a través de la obra de uno de los grandes arquitectos de los últimos tiempos. Por su trayectoria, y por el papel que la luz representa en sus obras, Álvaro Siza es un gran ejemplo de la importancia de la luz en la arquitectura de nuestro tiempo. Además, su ubicación cronológica sitúa a Siza como un interesante hilo conductor entre las fuentes del Movimiento Moderno de las que se nutre y la arquitectura del presente y futuro próximo para los que es una referencia ineludible.

Tras conocer la figura del arquitecto a través de sus principales influencias y examinar la manera en que la luz cobra forma dentro de su proceso creativo, descubriremos cómo ese cúmulo de conocimientos y experiencias asociadas a la luz alcanzan su máxima expresión en la iglesia de Santa María en Marco de Canaveçes, obra del maestro portugués donde la luz representa, si cabe, un papel más protagonista no sólo por sus propiedades físicas sino también por su dimensión teatral y la especial connotación simbólica que adquiere la luz en los edificios de carácter religioso.

La piedra se convierte en agua, el agua se convierte en piedra, y los dos se disuelven en luz, y entonces la luz se convierte en algo más.[3]

Desde las primeras muestras de Arquitectura, ya en la Prehistoria, la luz siempre ha sido la piedra angular en torno a la cual todo lo construido se ha articulado.

Solsticio de verano en Stonehenge.

Egipto, Grecia, Roma y las *ingrávidas* cúpulas del período bizantino. Todas sus arquitecturas se construyeron en torno a la luz.

Románico, Gótico, Renacimiento, Barroco, Neoclásico, Art Nouveau... Incluso el Movimiento Moderno, con ese espíritu disruptivo que pretendía

---

[3] Curtis, W., (2015) en Galiano, M., *Curtis&Navarro Baldeweg. Diálogo.* Madrid, Magaceen (02-11-2015). En referencia a la Alhambra.

romper con todo lo anterior. Es imposible encontrar un período o estilo artístico de la Historia al que la luz le haya sido ajena. Más aún, pese a la significación y matices propios de cada época, la luz ha sido siempre el material constructivo fundamental en la configuración de la Arquitectura de su tiempo.

Cúpula de Santa Sofía.

Entrada de luz en el Panteón.

La luz es por tanto la piedra angular en Stonehenge, el tema central del Partenón y por supuesto también del Panteón. La luz es el tema en Chartres, en San Carlo Alle Quattro Fontane… Es el corazón que hace latir a Ronchamp y el espíritu en la Iglesia de la Luz.

Desde Ictino y Calícrates a Adriano, pasando por Bernini, Borromini o Boullée, y llegando hasta Gaudí y los más recientes Kahn, Le Corbusier o el propio Siza… cualquiera de los grandes nombres de la Historia de la Arquitectura lleva como apellido indisociable a su obra la luz.

La luz ha sido y es el eje articulador principal de la Arquitectura. Y es materia. Materia tangible. No palpable pero sí perceptible por medio de los sentidos, capaz de generar atmósferas y crucial en la experiencia perceptiva del espacio a través de dichos sentidos. No únicamente la vista.

¿No es la LUZ –tal y como se pregunta Alberto Campo Baeza- la razón de ser de la Arquitectura?

¿No es la Historia de la Arquitectura la de la búsqueda, entendimiento y dominio de la LUZ?

Te invito a acompañarme en las próximas páginas para comprobar que así es, y que dicha búsqueda no pretende ser otra cosa que la prueba clara de ello.

> *Cuando, por fin, un arquitecto descubre que la LUZ es el tema central de la Arquitectura, entonces, empieza a entender algo, empieza a ser un verdadero arquitecto.*[4]

Mi deseo, dicho esto, es que la lectura de este libro sea tan disfrutada como lo ha sido su escritura, y que de la misma forma en que me sirvió a mí para entender que la Luz es el tema, te sirva a ti, lector, con el mismo propósito.

Raúl García García

---

[4] Campo Baeza, A., (1998) 'Finale (de cómo la Luz es el tema)', en *La idea construida. La arquitectura a la luz de las palabras*, Madrid, COAM, p. 297.

PRIMER MOVIMIENTO:
ÁLVARO SIZA
Y LA LUZ NATURAL

ÁLVARO SIZA

Encuadre Histórico y Contextualización

El 25 de junio de 1933 -mismo año de la suspensión de las libertades públicas en Portugal con la constitución promulgada por el dictador Antonio de Oliveira Salazar-, Cassilda Siza Vieira traía al mundo en Matosinhos a su hijo, Álvaro Joaquim de Melo Siza Vieira, un niño curioso que se convirtió en un adolescente apasionado por el hockey sobre patines y la lectura, especialmente de las colecciones de Julio Verne.

Por encima de éstas, su principal pasión siempre fue el dibujo. Y lo sigue siendo.

En el verano de 1950, el ingeniero Júlio Siza Vieira, nacido en Brasil y llegado a Portugal cuando tenía doce años, aprovechaba sus vacaciones para realizar un viaje acompañado por su mujer Cassilda y sus hijos Álvaro, Teresa y Antonio, como solía hacer cada verano para recorrer diferentes partes de España. Tras haber visitado Andalucía, Extremadura, Cantabria y Asturias, se dirigen en esta ocasión a recorrer Barcelona.

Álvaro afrontaba el viaje con cierta tristeza. Tenía claro su deseo de dedicarse a la escultura, atraído por la posibilidad de generar formas surgidas de la nada. Sin embargo, Júlio y Cassilda consideran ésta una profesión demasiado bohemia e incierta para el futuro de su hijo, que finalmente optó por la Arquitectura, considerada por su padre ingeniero como un mal menor. En esa época, tanto la Escultura como la Arquitectura se impartían en la Escola de Belas-Artes de Oporto, por lo que el propósito oculto de Álvaro pasaba en realidad por empezar Arquitectura para después trasladar su expediente.

Su llegada a Barcelona aquel verano supuso una especie de revelación que hizo que nunca llegara a estudiar Escultura. La plasticidad formal de la Sagrada Familia y la Casa Milà calaron hondo en un joven Álvaro que no había mostrado interés previo por la Arquitectura, pero que reconoce actualmente que regresó de Barcelona con un profundo interés por la disciplina que, siete décadas después, le ha situado como uno de los mayores referentes del siglo XX.

Reflejos del pasado

Álvaro Siza inicia su trayectoria como arquitecto a mediados del siglo XX. Al mismo tiempo, realiza proyectos en colaboración con otros compañeros o en el estudio de su maestro Fernando Távora.[5]

Dos de sus obras más reconocidas y destacadas fueron llevadas a cabo precisamente como colaborador en el estudio de Távora: las Piscinas das Marés, en Leça de Palmeira, y la Casa de Chá en Boa Nova, presentan una fuerte relación con el lugar que invitan a situar la obra de Siza inicialmente dentro de la corriente contextualista.

> *La primera razón para que surja, como actitud intelectual en el arquitecto de Oporto, esta cuidada manera de mirar el entorno, es el hecho de que el joven Siza se inicie profesionalmente en la práctica constructiva con los artesanos de la región del Miño y en obras de pequeño tamaño, seguidas muy de cerca, y en entornos de gran calidad ambiental, sean naturales o urbanos.*[6]

Piscinas das Marés en Leça de Palmeira. Álvaro Siza. *Imagen: Juan Rodríguez*

---

[5] N. del A.: Peter Testa señala 1965 como el inicio de su actividad de manera independiente. Los proyectos reconocidos realizados con anterioridad, como las Piscinas das Marés (1961-1966) o Casa da Chà (1963) se realizan en el estudio de Távora y junto a Siza figuran como autores otros arquitectos.

[6] Peña, F., (2005) *Dibujo y proyecto. Del dibujo en el proceso de proyectar a través del estudio de dos obras de Álvaro Siza.* Tesis Doctoral. A Coruña, Universidade Da Coruña, p. 28.

En sus primeras construcciones se aprecia la influencia de maestros portugueses de la época como Carlos Ramos o Fernando Távora, y también de la arquitectura vernácula popular. Poco después incorpora la influencia de algunas arquitecturas extranjeras como Wright, Asplund y, muy especialmente, Alvar Aalto en la segunda mitad de los años 50. Pese al hermetismo internacional de Portugal durante la Dictadura de Salazar, la relación de Távora con los CIAM permite a Siza tener acceso a la obra de todos ellos, así como a la de Le Corbusier, Mies o Adolf Loos entre otros, que terminarían de definir en los siguientes años su perfil como arquitecto.

Fruto de esas influencias, Álvaro Siza es considerado por muchos como el mayor exponente de la arquitectura continuista con la corriente teórica impulsada por el Movimiento Moderno.

> *Y es verdad que cabe considerar la obra de Álvaro Siza como la quintaesencia del Movimiento Moderno. Alvaro Aalto está muy presente en su arquitectura. Y también lo están, sobre todo en un primer momento de su trabajo, arquitectos como Wright y Le Corbusier. Por otra parte, un arquitecto a quien conoce bien y cuya influencia se respira en su trabajo es Loos. Sin duda, la arquitectura y los arquitectos del Movimiento Moderno están bien presentes en su obra.*[7]

A su vez, también es considerado como el máximo representante de la arquitectura popular, vinculada con la tradición y lo vernáculo, capaces de hacer desde países periféricos una arquitectura de gran nivel.

> *En el caso de Siza estamos ante un arquitecto que atiende a lo contingente sin olvidar el valor que tiene el encuentro con lo que fue el origen de la arquitectura. Es como si, ante la obra de arquitectura de Siza, descubriésemos lo más esencial, aquello que con más fuerza caracteriza al fenómeno arquitectónico. (…) Siza simplemente parece querer advertirnos de que lo que persigue es que su trabajo "huela" a arquitectura. Y es ese "olor a arquitectura" –o a lo que entendemos como arquitectura- el que se respira en sus obras.*[8]

---

[7] Moneo, R., (2004) *Inquietud teórica y estrategia proyectual en la obra de ocho arquitectos contemporáneos*. Barcelona, Actar D, p. 200.
[8] Moneo, R., Ibídem, p. 201.

Ambas lecturas son perfectamente válidas para la obra de un Álvaro Siza que ha sido capaz de beber a partes iguales de las fuentes principales de la Historia reciente de la arquitectura y de las más arraigadas propias de la cultura popular del lugar, para dar como resultado edificios en los que podemos observar un claro guiño inconsciente a Le Corbusier o Alvar Aalto al mismo tiempo que tenemos la sensación de encontrarnos ante una obra típica de la tradición portuguesa que parece llevar en ese lugar toda la vida.

> *Si el posmodernismo no hubiera reclamado el término y no hubiera distorsionado su significado, los edificios de Álvaro Siza podrían haber sido legítimamente llamados con ese nombre. Su arquitectura procede directamente de las influencias modernistas que dominaron el campo desde 1920 hasta 1970.*
>
> *Si bien el mismo Siza rechazaría la categorización, su arquitectura, como una extensión de los principios modernistas y la sensibilidad estética, es también una arquitectura de varios aspectos: respeto por las tradiciones de su Portugal natal, un país de materiales y formas desgastados por el tiempo; respeto por el contexto, ya sea un edificio antiguo o un barrio como el Chiado en Lisboa, o el borde del océano en sus piscinas en Oporto; y finalmente, el respeto por los tiempos en los que el arquitecto practica con todas sus limitaciones y desafíos.*[9]

Reflejos de Távora

La figura de Fernando Távora es crucial en la formación de Siza como arquitecto. No únicamente en la etapa profesor-alumno.

> *Indudablemente, Távora ha influido en mí de forma decisiva en todos los aspectos, desde el punto de vista humano y también desde el profesional... Fue la primera persona de la Escuela que reconoció algún talento en mí... No había razones de calidad de diseño que lo justificasen, pero comprendió mi interés y mis ganas de investigar.*[10]

---

[9] Lacy, B., (1992) Fallo del Jury del Pritzker Prize 1992. Traducido del original, disponible en inglés en: www.pritzkerprize.com (consultado en 20 de enero de 2016).
[10] Cruz, V., (2007) "Homenaje al maestro", en Álvaro Siza: *Conversaciones con Valdemar Cruz*. Barcelona, Gustavo Gili, p. 83.

Siza, que accedió a estudiar Arquitectura más por satisfacción de su padre que por la suya propia, se encuentra sin pretenderlo trabajando en el estudio de Távora (1955-1958), donde *"madura como arquitecto; aprende a construir, abriéndose a la importancia del lugar y de su entorno"*.[11]

Además de la influencia directa de Távora, éste actúa en Siza también como 'canalizador' de otras influencias.

> *La evidencia de la importancia de Fernando Távora como pedagogo y catalizador de tendencias renovadoras, dentro de la Escuela de Carlos Ramos y en su consolidación y evolución, ha postergado de alguna manera la atención a la obra del Arquitecto, colocada con respeto en las estanterías de las referencias indiscutibles para la descripción y comprensión de los caminos de la Arquitectura portuguesa contemporánea.*[12]

Távora fue consciente desde el principio del potencial de Siza, y tras su colaboración en el Estudio, le entrega los proyectos de las Piscinas de Leça de Palmeira y la Casa de Chá:

> *El primer trabajo público que tuve, el restaurante Boa Nova (Leça de Palmeira, 1958-1963) fue por decisión directa suya. Y también la piscina de la Quinta da Conceição (Matosinhos, 1958-1965), que es un proyecto suyo. Yo estaba en su estudio desarrollando ese proyecto y me vio tan interesado en él –yo no acababa de terminar el anteproyecto– que le pareció bien que fuese yo quien hiciese el proyecto. Convenció al alcalde (en aquel momento eso era posible) para que lo hiciese yo, aunque él me acompañó siempre porque yo era muy inexperto en ese momento.*[13]

Siza materializa con acierto esta síntesis del Movimiento Moderno con raíces vernáculas que Távora había teorizado previamente, e inicia así su propia andadura profesional, con un lenguaje que va perfilando con los años, pero que surge de las raíces del lenguaje de Távora.

---

[11] Alves Costa, A., (1992) "Lectura crítica e ilustrada de la obra de Siza", en VV.AA., Cuatro Arquitectos. Oporto, COAAOc, p. 47.
[12] Siza, Á. (2014) "Távora", en *Textos*. Barcelona, Abada Editores, p. 40.
[13] Cruz, V., (2007) "Homenaje al maestro", en Álvaro Siza: *Conversaciones con Valdemar Cruz*. Barcelona, Gustavo Gili, p. 28.

Dicho lenguaje se escribe a partir de tres conceptos fundamentales – contexto, dimensión temporal del espacio y luz natural- que aparecen de manera constante en el discurso arquitectónico de Távora –recogido principalmente en sus dos manifiestos fundamentales "O problema da Casa portuguesa"[14] y "Da organizaçao do espaço"[15] y en su obra-, y estos conceptos se reflejan también de manera evidente en la obra de Siza.

Reflejo 01: *La importancia del contexto*

La valoración del contexto será una de las mayores aportaciones de Távora en su vida docente, entendiendo por contexto no sólo el lugar físico donde situar la arquitectura, sino también la historia y condicionantes de la misma.

Aunque el interés por el contexto aparece en la obra de Távora desde el inicio, el *genius loci* cobra cada vez más fuerza en su trabajo. En el caso de Siza, esto tiene un papel protagonista desde el inicio de su trayectoria –en buena medida gracias a Távora- con la ubicación exacta escogida para las Piscinas de Leça y la Casa de Chá en Boa Nova. Ambos entienden el lugar como un elemento que debe ser parte de la arquitectura y construirse en paralelo a ella. Para Távora, la arquitectura se basa en organizar el espacio y no en ocuparlo, mientras que Siza asegura que *"un lugar vale por lo que es y por lo que quiere llegar a ser"*.[16] Por tanto, el sitio no es algo que encuentran y sobre lo que depositan la arquitectura, sino que se debe transformar hasta ser uno con el edificio.

Reflejo 02: *La dimensión temporal de la arquitectura*

La posición del observador y las variables que ésta genera son un tema muy recurrente en la obra de Távora. La arquitectura de recorrido, la '*promenade architectural*' de Le Corbusier, generando diferentes percepcio-

---

[14] Távora, F., (1947) *Cadernos de Arquitectura,* n.º1. Lisboa.
[15] Távora, F., (1964) Porto, FAUP Publicaçoes.
[16] Souto de Moura, E., (1986) "La piscina de Leça 25 años después", en *Arquitectura, revista del COAM,* nº 261, p. 46.

nes del edificio a medida que nos aproximamos a él, y del entorno desde el interior a medida que lo recorremos. Esta correlación entre espacio y tiempo, que Siza introduce -por ejemplo- en los escasos ventanales de la Fundación Ibere Camargo, 'colgados' de las paredes de forma estratégica como queriendo enmarcar el entorno para convertirse en una obra de arte expuesta más, se materializan en la obra de Távora, por ejemplo, en la Casa dos 24, entendida como una especie de parada para mirar al valle dentro del recorrido organizador del entorno que encierra, y la manifiesta con rotundidad en su ensayo "Da Organizaçao do Espaço":

> *Pero la aprehensión visual del espacio presupone un observador que la realice, y considerar la existencia del mismo enriquece el dimensionamiento del espacio por la creación de situaciones varias. Así, por ejemplo, en el caso teórico de un espacio organizado en tres dimensiones por un punto tenemos dos hipótesis: que el observador se encuentre fijo o en movimiento. Esto significa que en ambos casos el observador ve el espacio organizado de modos diferentes: en el primero organizado estáticamente –por convención- y en el segundo dinámicamente organizado. Y en el caso del espacio organizado en cuatro dimensiones se pueden considerar las mismas hipótesis: que el observador se encuentre fijo o en movimiento, creándose igualmente nuevas situaciones en la relación espacio-observador.*[17]

---

[17] Távora, F., (2014) *Sobre la Organización del espacio*. Valencia, Editorial UPV, p. 47. *(Edición traducida del original Da Organização do Espaço, de FAUP Publicações).*

Casa dos 24, Fernando Távora.

Reflejo 03: *La luz como material constructivo del espacio-tiempo*

La luz juega un papel fundamental para Távora. La luz difusa que baña los edificios de Oporto e inunda el espacio arquitectónico con cierto dramatismo teatral.

Siza parece haber dominado a lo largo de su trayectoria la capacidad de modelar la luz y conducirla por el espacio-tiempo arquitectónico proyectado. Si bien en sus primeras obras es frecuente el concepto de edificio itinerario que se muestra muy abierto a la luz y al entorno, en obras más recientes y en especial en los espacios expositivos como Serralves, el Centro Galego de Arte Contemporáneo o la Fundación Ibere Camargo, esta itinerancia parece capturar el entorno y la luz en instantáneas muy concretas, que se ofrecen al visitante en su justa medida en momentos determinados, manteniendo el contacto con el exterior desde un cierto recogimiento interior.

Centro Galego de Arte Contemporáneo, Álvaro Siza. Imagen del autor

Reflejos de Le Corbusier

Le Corbusier supuso una de las influencias más destacadas en Fernando Távora y, por extensión, en su discípulo Siza. Su pensamiento teórico asentó un importante poso que Siza trasladaría -en muchos casos de forma inconsciente- a su obra de forma autónoma. Algunos de los reflejos del pasado más notables que ese poso dejó en el arquitecto portugués son los siguientes:

Reflejo 01: *Conocer el 'folklore' para crear el futuro*

En numerosas ocasiones el maestro suizo se manifestó a favor del estudio –no así del uso de manera directa- de lo que denominaba 'folklore'.

> *El estudio del folklore no proporciona fórmulas mágicas capaces de resolver los problemas contemporáneos de la arquitectura; informa íntimamente acerca de las necesidades profundas y naturales de los hombres manifestadas en las soluciones experimentadas con el paso de los siglos.*[18]

Ésta es la misma actitud que adoptaría posteriormente Siza a la hora de indagar en la arquitectura regional de Portugal (especialmente del norte). Hay una estrecha similitud en el carácter innovador de ambos arquitectos cimentado en el conocimiento de lo ya existente.

Reflejo 02: *Viajar como fuente de inspiración*

Cada vez que Álvaro Siza es cuestionado acerca de un consejo para los jóvenes arquitectos su respuesta es siempre la misma: "Viajar mucho". Viajar ha sido la fuente de inspiración inconsciente de buen número de los proyectos del portugués, que explica cómo incluso recuerdos de su niñez, en viajes con su familia a Barcelona o visitando La Alhambra, afloraban sin ser él consciente en el momento de resolver determinados aspectos de un proyecto.

El conocimiento adquirido a través de los viajes, de igual modo, supuso una fuente inagotable de inspiración de la que bebió Le Corbusier a lo largo de toda su carrera, tanto con las influencias que adoptó en sus estancias en Sudamérica como por sus más conocidos viajes a la India.

> *El sitio es el plato de la composición. Lo comprendí durante un largo viaje que realicé en 1911, con la mochila en la espalda, de Praga hasta Asia Menor y Grecia. Descubrí la arquitectura, instalada en su sitio.*[19]

Ello vendría a explicar de algún modo la importancia que tiene para ambos arquitectos el hecho de saber leer el lugar, no únicamente como espacio físico donde se deposita la arquitectura construida, sino como

---

[18] Le Corbusier, (2006) *Mensaje a los estudiantes de Arquitectura*. Buenos Aires, Infinito, p. 63.
[19] Le Corbusier, (2006) *Mensaje a los estudiantes de Arquitectura*. Buenos Aires, Infinito, p. 64.

relación de ese espacio físico con el entorno. Con el entorno físico, pero también con el entorno social, cultural, político, histórico... Y esto es lo que hace que ambos presenten una especial sensibilidad en la lectura del contexto, consiguiendo que sus obras en muchos casos se sitúen en el lugar como si llevaran allí toda la vida.

Reflejo 03: *Materialidad de la luz y cinética del espacio*

Para ambos arquitectos, la luz natural y su carácter cinético son fundamentales en su obra, adoptando además una simbología especial en el caso de los edificios de carácter religioso.

En lo que respecta a Le Corbusier, en sus tres edificios sagrados más destacados (Ronchamp, La Tourette y Saint-Pierre en Firminy), el arquitecto maneja con maestría la orientación, las aberturas y la materialidad para dar lugar a una arquitectura que en todos los casos presenta un fuerte carácter cinético debido a la luz natural.

> *Yo empleo, ya se habrán dado ustedes cuenta, abundantemente la luz; la luz es para mí, la base fundamental de la arquitectura. Yo compongo con la luz.*[20]

En la capilla de Notre Dame du Haut en Ronchamp, la solidez de las paredes blancas se desdibuja a medida que el usuario se acerca para descubrir la curvatura cóncava y convexa de las mismas, permitiendo un interesante juego de luces y sombras que invita a la famosa 'promenade' promulgada por su autor, sumando a la variable temporal de la luz el carácter cinestésico.

Capilla de Notre Dame du Haut, Le Corbusier.

[20] Le Corbusier, (2008) *Precisiones. Respecto a un estado actual de la arquitectura y del urbanismo. El plano de la casa moderna.* Composición, nº IV. Buenos Aires, Poseidón. p. 154.

Con el empleo de distintos recursos, tanto Le Corbusier como Siza consiguen representar espacios austeros que están construidos principalmente de silencio y de luz; una luz que en el caso de los edificios religiosos se muestra cargada de simbología y contribuye a facilitar la conexión entre el hombre y Dios.

> Los edificios de Siza funcionan no como obstáculos para la entrada de luz, sino como receptores que atrasan su paso día tras día, en un patrón en permanente cambio.[21]

Además de fortalecer la conexión con el entorno, la luz juega un papel fundamental en la construcción del espacio-tiempo en toda la obra de Siza.

Este hecho está presente de forma muy clara en el caso de las Piscinas das Marés, donde la luz dialoga con los muros a medida que el sol avanza generando cambiantes geometrías de llenos y vacíos (luces y sombras) a lo largo del día que dotan al espacio de un aspecto escultórico.

> Contextualmente, funcionaba la variación de la luz, obtenida con el paso gradual desde una zona exterior a una penumbra que, finalmente, conducía a un último recorrido, hecho ya al aire libre. Aquí los ojos de los bañistas quedaban protegidos de la fuerte luz que viene de la playa gracias a la presencia de unos altos muros.[22]

---

[21] Ferreira Marques de Paiva, R., (2010) *Luz e Sombra. A estética da luz nas Igrejas de Sta. Maria e da Luz, de Siza e Ando*. Lisboa, Dissertação de Mestrado em História de Arte Contemporânea da Universidade Nova de Lisboa, p. 20. (traducido del texto original: 'Os edifícios de Siza funcionam não como obstáculos à entrada de luz, mas como receptores que atrasam a sua passagem dia após dia, num padrão em permanente mudança').
[22] Siza, Á., (2003) *Imaginar la evidencia*, Madrid, Abada Editores, p. 23.

Piscinas das Marés, Álvaro Siza. Imagen: Juan Rodríguez

Caja metafísica de Oteiza. Imagen: Fundación Juan March

Reflejos de Alvar Aalto

Alvar Aalto erige su arquitectura sobre los cimientos del contexto propio de su país, en que el lugar juega un papel protagonista. La influencia de Aalto en su obra no sólo es obvia, sino que es reconocida y aparece recogida en numerosos textos del propio Siza.

> *La influencia de Aalto es inevitable porque se asienta en circunstancias semejantes: necesidad de redescubrir las raíces, restricciones, aislamiento.*[23]

Al origen de esta conexión que se extendió en el tiempo también hace referencia el arquitecto portugués en otro de sus textos:

> *Alvar Aalto no era una referencia en la Escuela de Oporto, sencillamente, no se le conocía.*
>
> *Alguien me aconsejó una revista llamada Architecture d'Aujourd'hui. Compré seis números al azar, entre los que se encontraba el de mayo de 1950.*
>
> *Nunca olvidaré ese primer contacto con la obra de Alvar Aalto, (...).*
>
> *La obra y el pensamiento de Aalto se convirtieron –inevitablemente- en un punto de referencia y meditación.*
>
> *La arquitectura de Alvar Aalto hunde sus raíces en la tradición finlandesa, de un modo espontáneo y también profundamente intencional. (...) En esa distancia, se expresa de manera decisiva y serenamente radical, en el período posiblemente más fecundo de su obra, en un momento de esfuerzo colectivo de reconstrucción de un país devastado, y también renovado, por una lucha de liberación y de autonomía.*[24]

Una vez que la influencia del maestro finlandés en la obra de Siza resulta obvia, vamos a desgranar una serie de rasgos comunes que, teniendo un peso fundamental en la obra de Aalto, aparecen también como elemento básico en la obra de Siza.

---

[23] Siza, Á., (1994) "O procedimiento inicial", en Álvaro Siza, Escrits. Barcelona, Edicions Universitat Politècnica de Catalunya, p. 38.
[24] Siza, Á., (2014) "Alvar Aalto: algunas referencias a su influencia en Portugal", en *Textos*. Madrid, Abada Editores, p. 216.

Reflejo 01: *Identidad y tradición*

Finlandia, creado a principios de siglo tras una larga guerra, atraviesa un momento político convulso. Para Aalto resulta fundamental ensalzar las costumbres finlandesas en busca del reconocimiento en el panorama internacional que no se tenía hasta la fecha. Así lo afirmaba en una entrevista realizaba en televisión en 1972, donde aseguraba que *"la internacionalidad no está reñida con el enraizamiento en un lugar, que es a su vez parte de una colectividad mayor".*[25]

Por su parte, Siza y los arquitectos portugueses de la época no tuvieron permitida la salida del país hasta 1968, momento en que empiezan a viajar y empaparse de otras identidades de primera mano, más allá de los libros. Para Siza, la identidad portuguesa es esencial, aunque es capaz de aparcarla y adoptar la identidad holandesa o germana en sus proyectos en estos países.

> *Construí viviendas en Berlín y la crítica preguntó por los detalles y la sensibilidad que me habían hecho famoso. Expliqué que la atmósfera berlinesa no puede resultar en un edificio portugués. No es cierto que un arquitecto tenga su sello y pueda imprimirlo en cualquier lugar.*[26]

La máxima representación de esa identidad de la nación llega, en ambos casos, con el encargo de realizar el Pabellón Nacional para una Exposición Universal (de Finlandia para la Expo de París 1937 en el caso de Aalto y de Portugal en la Expo de Lisboa 1998 en el caso de Siza).

---

[25] Aalto, A., (2010) "Entrevista con Göran Schildt para la Televisión Finlandesa", en Pallasmaa, J., *Conversaciones con Alvar Aalto*. Barcelona, Gustavo Gili, p. 62.
[26] Zabalbeascoa, A., (2007) "Siempre pierdo dinero al hacer una casa", entrevista a Álvaro Siza en *El País*. 28 de enero de 2007.

Pabellón de Finlandia Expo París 37, Alvaro Aalto. Imagen: Fundación Alvar Aalto.

Pabellón de Portugal Expo Lisboa 98, Álvaro Siza. Imagen del autor.

Estrechamente vinculado con esa identidad a la que hemos hecho referencia, aparece con un papel protagonista en la obra de ambos arquitectos el respeto por la tradición.

En una ocasión, Aalto comentaba lo siguiente: *"Nada viejo renace. Pero tampoco desaparece completamente. Y algo que haya existido, siempre reaparecerá como una forma nueva."*[27] Afirmación de la que Siza tiene su propia versión que emplea en numerosas ocasiones: *"Los arquitectos no crean nada nuevo. Sólo transforman la realidad que ya existe."*[28]

Reflejo 02: *Sitio y Contexto*

En la obra de ambos juega un papel fundamental el modo en que la arquitectura generada se sitúa en el lugar y dialoga con el contexto.

En lo que respecta a Aalto, tiene una etapa inicial en la que utiliza la naturaleza circundante como fuente de inspiración. A partir de los años 30, la naturaleza pasa en la obra de Aalto de ser entendida como algo simbólico a ser un elemento intrínseco del proyecto con el que la arquitectura debe relacionarse. En esta mentalidad resultan una pieza angular el clima frío de Finlandia y la escasez de luz. Siguiendo esta idea, Aalto consigue en muchos casos que la arquitectura se sitúe en el paisaje sin someterlo, de una manera sutil y no estridente, dando a entender que no es un elemento añadido sino que ambos han coexistido desde el origen.

> *En lo que se refiere al paisaje finlandés, lo tenía siempre presente a mi alrededor. Cuando experimenté el equilibrio activo que la naturaleza me transmitió, empecé a comprender cómo tiene que tratar el hombre a su medio natural. (…) Esa experiencia juvenil me enseñó que el hombre puede tratar la naturaleza tanto de forma responsable y adecuada, como indecente y destructiva.*[29]

---

[27] Capitel, A., (2004) *Alvar Aalto*. Madrid, Akal, p. 48.
[28] Ver cita 17.
[29] Aalto, A., (2010) "Entrevista con Göran Schildt para la Televisión Finlandesa", en Pallasmaa, J., *Conversaciones con Alvar Aalto*. Barcelona, Gustavo Gili, p. 60.

Fundación Alvar Aalto. Imagen: Fundación Alvar Aalto

La arquitectura de Siza presenta ya desde los inicios una profunda sensibilidad hacia el entorno. Aunque no le gusta ser catalogado como contextualista, lo cierto es que su arquitectura es capaz de captar la esencia del lugar donde se sitúa, en ocasiones organizando o articulando el espacio, en otras subordinándose a él, pero nunca eludiendo los condicionantes o buscando eclipsarlos.

Centro deportivo de Alto Rendimiento de Panticosa, Álvaro Siza. Imagen: Juan Rodríguez

Reflejo 03: *La luz como material constructivo del espacio-tiempo*

Para ambos arquitectos, la luz es entendida como un material constructivo más, con identidad propia y capaz de definir el espacio arquitectónico completamente.

En el caso de Aalto, tal y como se aprecia entre otros en su proyecto del Sanatorio antituberculoso de Paimio, los ventanales de grandes dimensiones abiertos al paisaje heredados de Gunnar Asplund son muy habituales.

Otro aspecto muy recurrente en la iluminación de la arquitectura de Aalto es el empleo de lucernarios, que doman la luz y la introducen en el espacio interior de manera controlada y siempre tras un proceso de refracción, nunca de manera directa.

El proyecto que marca un antes y un después en la obra de Aalto en lo que a la luz se refiere, es sin duda la Biblioteca de Viipuri. En ella, el vestíbulo de acceso es un gran espacio acristalado y la sala de conferencias también se abre con claridad al paisaje y se llena de luz. No obstante, es en la zona de las salas principales donde el usuario se encuentra de pronto bajo 57 lucernarios que proporcionan al espacio un aspecto mucho más amplio y luminoso de lo que es en realidad, y dotan de una iluminación homogénea al conjunto.

Biblioteca de Viipuri, Alvar Aalto.

Por su parte, si tratamos de analizar el significado de la luz en la obra de Siza debemos hacerlo desde dos perspectivas: por un lado, los mecanismos que emplea para dotar al espacio de una luz adecuada que provoque sensaciones al usuario; por otro, las estudiadas aperturas que Siza practica con frecuencia en sus fachadas, más con el propósito de conectar exterior-interior que con la finalidad de iluminar el interior en sí misma.

La luz no es para el arquitecto portugués una cuestión de cantidad, sino de calidad. Por este motivo son habituales las aperturas en lugares muy concretos del proyecto, donde la conexión con el exterior realmente es interesante. En ocasiones lo hace enmarcando el paisaje mediante ventanas horizontales –como en el caso del Centro Galego de Arte Contemporáneo-. En otras, lo hace mediante superficies acristaladas que nacen del suelo –como en la Fundación Serralves, provocando la continuidad del espacio expositivo interior con los cuidados jardines circundantes-. Por último, en algunas ocasiones lo hace mediante pequeñas aperturas que aparecen a lo largo de la 'promenade architecturale' encerrando un fragmento del paisaje y convirtiéndose en obras de arte. Éste es el caso de la ventana ovalada que aparece en la Fundación Ibere Camargo.

Así explicaba José Saramago la relación de Siza con la luz:

> *La pared, en Siza Vieira, no es un obstáculo para la luz, sino un espacio de contemplación en que la claridad exterior no se detiene en la superficie. Tenemos la ilusión de que los materiales se volverán porosos a la luz, de que la mirada penetrará la pared maciza y reunirá en una misma conciencia estética y emocional lo que está fuera y lo que está dentro. Aquí, la opacidad se ha hecho transparencia. Solo un genio sería capaz de fundir tan armoniosamente estos dos irreductibles contrarios. Siza Vieira es ese taumaturgo.*[30]

Pese a que en una entrevista, el propio Siza se definía como *"un arquitecto antiguo, un funcionalista"*[31], resulta tan difícil catalogar una obra tan compleja y llena de matices que él mismo se desdecía en una entrevista posterior al ser preguntado por las múltiples etiquetas que se le han colgado:

> *Los '-ismos' son inventados para poner orden en el análisis del conocimiento, por los historiadores, por los artistas mismos, etc. Para saber la vía que se está analizando, que se está siguiendo, que es siempre una cosa para partir hacia otra, para desarrollar. No es una cosa fija. Como no se puede decir que Picasso es neoclásico, cubista, o expresionista o surrealista… Es todo eso. Porque todo eso hace parte del patrimonio de su obra, de su conocimiento.*[32]

---

[30] Saramago, J., (2009) *El Cuaderno de Saramago*, blog personal. Publicación del 15 de julio de 2009.
[31] Zabalbeascoa, A., (2007) "Siempre pierdo dinero al hacer una casa", entrevista a Álvaro Siza en *El País*, 28 de Enero de 2007.
[32] Entrevista realizada por el autor a Álvaro Siza en su estudio de Oporto en diciembre de 2016.

Otra tipología de edificios que destaca por el manejo de la luz natural dentro de su obra son las bibliotecas. Proyectos como la biblioteca de la Facultad de Arquitectura de la Universidad de Porto o la Biblioteca para la Universidad de Aveiro son buena muestra de ello. Este último, dotado de cuatro niveles sustentados por columnas circulares en torno a un patio central cuenta con una serie de lucernarios que están ligeramente inclinados para evitar la radiación directa y que recuerdan a los de Aalto:

> La biblioteca de Álvaro Siza toma su carácter global de la tradición moderna escandinava; en particular de la biblioteca de Alvar Aalto.[33]

Biblioteca de la Universidad de Aveiro, Álvaro Siza. Imagen del autor.

Ambos arquitectos comparten un interés casi obsesivo por el control de la luz natural. La luz tiene para ellos propiedades materiales, y es capaz de proporcionar identidad y carácter propios al espacio arquitectónico en que se ubica.

En ningún caso manejan para la génesis de sus proyectos una única variable, sino que se trata de mecanismos complejos compuestos a partir de múltiples factores que, tras un exhaustivo análisis y proceso de creación, dan como resultado un elemento de apariencia sencilla.

---

[33] Frampton, K., (2000) Álvaro Siza Obra Completa. Barcelona, Gustavo Gili, p. 101.

FIAT LUX: HACER LA LUZ TANGIBLE

Luz física. Luz fenomenológica. Luz metafísica

Entender la naturaleza física de la luz y su funcionamiento es una inquietud que ha acompañado al ser humano desde que empezó a concebir espacios construidos. Una vez comprendido su lugar en el cosmos, el ser humano fue capaz de entender el origen de la luz natural que le rodea, debiendo asumir la incapacidad de manipular dicha luz en su origen.

El carácter configurador de la luz está cargado de matices que dificultan la implantación de una única clasificación, lo cual ha dado lugar a numerosos estudios sobre ella, desde los orientados en comprender la luz desde el punto de vista físico hasta los más recientes, generalmente con un enfoque técnico que busca explicar la luz como un elemento cuantificable.

Lo que pretendemos aquí es establecer una categorización en torno a la luz, entendida no como un elemento independiente sino desde su relación con el espacio arquitectónico al que configura.

Atendiendo, entre otros, a criterios como si esta relación se produce de manera inconsciente o consciente, o al carácter objetivo o subjetivo de su análisis, esta categorización puede ser abordada desde tres perspectivas diferentes.

En primer lugar mediante una aproximación al estudio de la naturaleza física del espacio y los elementos que lo componen desde un punto de vista objetivo ajeno al usuario (luz física).

En segundo lugar, más allá de sus cualidades puramente físicas, la luz es capaz de generar en el espacio arquitectónico con el que dialoga una atmósfera cambiante a la percepción por parte del usuario (luz fenomenológica), mediante la relación luz-espacio-usuario que este último puede llegar a experimentar incluso de manera inconsciente.

Por último, la luz puede llegar a adquirir a su vez diferentes significados y connotaciones simbólicas que van más allá de la experiencia subjetiva y de la dimensión física (luz metafísica), a merced de la interpretación que se haga del concepto de luz, latente tras la realidad que pasa y la realidad que percibimos.

Por ello, partiremos de una categorización de la luz natural en torno a estas tres dimensiones aplicada a la iglesia de Santa Maria en Marco de Canaveçes, debiendo remarcar que pese a abordarse aquí diseccionadas de este modo para facilitar su comprensión, son realmente vasos comunicantes y deben ser entendidas como tal, consideradas en su conjunto para poder comprender el verdadero carácter configurador de la luz en el espacio arquitectónico.

Luz física

La luz natural visible a nuestros ojos tiene su origen en un foco emisor –el Sol- cuya radiación tarda aproximadamente 8 minutos en alcanzar nuestro planeta a razón de 300.000 km/s. Pese a que en ese viaje de unos 150 millones de kilómetros puedan parecer despreciables las distancias a un punto u otro del planeta, las propiedades físicas de la luz que llega hasta nosotros presentan notables diferencias que definen el potencial configurador que este material tiene en el espacio arquitectónico. Estas diferencias están condicionadas por una serie de factores de entre los que destacan especialmente los asociados con el contexto y la ubicación geográfica. Así, la luz que nos llega ofrece propiedades físicas muy diferentes en una ubicación u otra, y varía también de forma evidente en función de la altitud y latitud en que nos encontremos. Incluso para un mismo lugar, las determinadas condiciones atmosféricas de un determinado día y una determinada hora hacen de las propiedades físicas de la luz un elemento mutable a cada instante que, del mismo modo, es capaz de ofrecer infinitos y sugerentes cambios en el espacio arquitectónico al que configura.

> *La luz mediterránea pide –parece que pide- aquellas fachadas blancas sin más coronación que una arista limpia que las recorta en el cielo, y también pide aquel jugoso engranaje de volúmenes sencillos para constituir un vivísimo juego de sombras propias y arrojadas. La luz mediterránea –para tener un protagonismo arquitectónico- exige a la arquitectura esas formas. Y la arquitectura, espontáneamente, se las da.*

En cambio, en el País Vasco, la luz necesita esa granja oscura de un alero generoso, los cambios de color que dibujen cada una de las superficies planas, y la carencia de juegos volumétricos que nada aportarían y crearían una confusión. Y la arquitectura, con naturalidad, cubre estas necesidades de la luz.[34]

Dada la imposibilidad de actuar directamente sobre la fuente emisora, debemos recurrir a una serie de mecanismos o dispositivos capaces de atrapar la luz procedente del foco emisor, controlarla y someterla para introducirla en el espacio interior a nuestra voluntad.

La direccionalidad con que la luz dialoga con el espacio arquitectónico depende fundamentalmente de la posición del Sol respecto a los planos que conforman el espacio atravesado por dicha luz, permitiéndonos diferenciar entre luz horizontal (rayos que penetran el plano vertical), luz vertical (rayos que atraviesan el plano horizontal) y luz diagonal (al atravesar los rayos tanto el plano vertical como el horizontal).

Además de la direccionalidad, la presencia de obstáculos entre el foco emisor y el objeto iluminado y las propiedades físicas de dichos obstáculos permiten distinguir entre luz directa (incide sobre el objeto iluminado sin encontrar obstáculos en su camino) y luz indirecta (incide contra una superficie que expande sus ondas lumínicas rebotadas, disminuyendo su intensidad).

Cuando los obstáculos no permiten el paso de la luz, surge en el espacio la sombra, entendida como la ausencia de luz, puesto que luz y sombra son realmente dos caras de una misma moneda. Por sus propiedades físicas, las sombras pueden clasificarse en sombras propias (área del objeto donde no incide la luz directamente), sombras proyectadas (muestran un objeto sobre la superficie en que se ubica) y sombras reflejadas (muestra un objeto proyectado sobre otro).

---

[34] Borobio Navarro, L., (1995) "Luz y Arquitectura (I)", en *RE. Revista de Edificación, nº 19*. Pamplona, Universidad de Navarra, p. 79.

Lo bello no es una sustancia en sí sino un juego sutil de las modulaciones de la sombra. Lo mismo que una piedra fosforescente en la oscuridad pierde toda su fascinante sensación de joya preciosa si fuera expuesta a plena luz, la belleza pierde toda su existencia si se suprimen los efectos de la sombra.[35]

En resumen, esta aproximación se propone definir aquellas cuestiones que explican la naturaleza física de la luz y los fenómenos percibidos desde un enfoque científico, dejando de lado cualquier interpretación subjetiva que de ellos pueda hacerse.

Luz fenomenológica

Más allá de sus propiedades físicas, la luz posee otras asociadas a los conceptos de la fenomenología y la percepción definidos por Maurice Merleau-Ponty[36] que permiten percibir la luz a tenor de las sensaciones que en el sujeto provoca la atmósfera generada por la luz.

Así, podemos afirmar que si la luz física responde al *qué*, la luz fenomenológica sería el *cómo*.

La luz física es lo que vemos, sin matices. Por su parte, la luz fenomenológica es cómo lo percibimos, cómo aprehendemos esa luz y su espacio, y cómo esa percepción provoca distintas sensaciones en nosotros.

La forma en que el usuario experimenta la arquitectura a través de lo que Steven Holl denomina las 'zonas fenoménicas' asociadas a cada uno de los sentidos deriva en la única forma posible de que la experiencia arquitectónica sea plena, quedando a medio camino si únicamente se analizan las cualidades puramente físicas y visibles del objeto arquitectónico, siendo necesario aprehender el espacio de forma integral con todos los recursos de los que disponemos.

---

[35] Tanizaki, J., (2020) *El elogio de la sombra*. Madrid, Biblioteca de ensayo Siruela, p. 2.
[36] N. del A.: Para más información, ver Merleau-Ponty, M., (1993) *Fenomenología de la percepción*. Barcelona, Planeta de Agostini (traducido del original *Phénoménologie de la perception,* Ed. Gallimard, de 1945).

Las arquitecturas de Le Corbusier o Richard Meier, por ejemplo, favorecen claramente la vista, ya sea como un encuentro frontal o como el ojo cinético de la promenade architecturale. (...) Por otra parte, la arquitectura de orientación expresionista, empezando por Erich Mendelsohn y Hans Scharoun, favorece la plasticidad muscular y háptica como una consecuencia de la supresión del dominio perspectívico ocular. Las arquitecturas de Frank Lloyd Wright y Alvar Aalto se basan en un reconocimiento total de la condición humana encarnada y de la multitud de reacciones instintivas ocultas en el inconsciente humano. En la arquitectura actual, destaca la multitud de experiencias sensoriales en la obra de, por ejemplo, Glenn Murcutt, Steven Holl y Peter Zumthor.[37]

Así pues, la forma en que percibimos la luz actúa sobre nuestras emociones generando una realidad percibida, interior y distinta en cada uno de nosotros, que depende de la forma aparente que aprehendemos por mediación de la visión y del resto de sentidos.

Además de su cualidad de *materia inmaterial*[38], una destacada característica que distingue la luz fenomenológica del resto de materiales que configuran el espacio arquitectónico es su cualidad temporal en dos sentidos: el primero de ellos es la capacidad de la luz de hacer al usuario conocedor del paso del tiempo. El segundo es el carácter de temporalidad de la propia luz. Más que temporalidad, fugacidad. Y es que cualquier otro material constructivo presenta una variación temporal tan lenta que resulta inapreciable para los sentidos en un periodo de tiempo que no sea considerablemente amplio. La luz, sin embargo, es un material inmarcesible pero en perpetuo cambio, pudiendo asegurar que la luz de un espacio nunca es exactamente igual en dos momentos a lo largo de la vida del edificio. La luz cambia con el tiempo, indicando el paso de las horas del día y haciendo cambiar con ella al espacio arquitectónico que atraviesa. Y también cambia en un abanico temporal más amplio, siendo muy distintas las propiedades físicas de luz que percibimos en invierno o en verano, y dotando al espacio de identidades también cambiantes en función del paso del tiempo.

---

[37] Pallasmaa, J., (2014) *Los ojos de la piel: la arquitectura y los sentidos*. Barcelona, Gustavo Gili, p. 81.
[38] N. del A.: Cabe matizar el supuesto carácter inmaterial de la luz puesto que uno de los principios que se pretende probar es que es perceptible y tangible y, por lo tanto, tiene existencia física y material.

La luz, como el aire en la Música, atraviesa el espacio creado por el arquitecto para que suene. Y como si de un milagro se tratara, cuando la luz llega, suena y parece que allí se detuviera el tiempo. Algo que pareciendo inasible está a nuestro alcance y nos conmueve. Que la luz construye el tiempo es algo más que una frase acertada para un texto pedagógico. El milagro espacial de hacer tangible el tiempo detenido es una realidad a nuestro alcance.[39]

Si nos fijamos en la forma en que la luz es percibida, podemos establecer una clasificación atendiendo a su corporalidad, lo que nos lleva a diferenciar entre luz sólida (se percibe sin tamizar, mostrándose cargada de corporalidad densa llegando a parecer palpable) y luz difusa (presenta una corporalidad etérea, volátil, mostrándose tangible a la vista pero no asible dada su vaporosidad, generalmente producida al llegar filtrada a través de envolventes o entramados parcialmente permeables a la luz):

> *Bernini inventó algo tan sencillo pero tan genial como la "Luce alla Bernina". Utilizando varias fuentes visibles de LUZ, creaba primero un ambiente de base con LUZ DIFUSA, homogénea, generalmente del norte, con la que iluminaba, daba claridad al espacio. Luego, tras centrarlo geométricamente con las formas, ¡zas!, rompía en un punto concreto ocultando la fuente a los ojos del espectador, produciendo un cañón de LUZ SÓLIDA (Luce gettata) que se erigía en protagonista de aquel espacio. (...) Ejemplo paradigmático de esta operación es Sant´Andrea al Quirinale. La LUZ SÓLIDA en visible movimiento, danzando sobre una invisible LUZ DIFUSA en reposada quietud.*[40]

Por otra parte, si establecemos una clasificación en torno a la forma en que la luz dialoga con el interior del espacio arquitectónico y con el usuario, podemos distinguir entre luz evanescente (se percibe cambiante con el paso del tiempo, conectando al usuario con esa cuarta dimensión que es la temporal), luz procesional (percibida como una especie de coreografía que se desarrolla a partir de la cinestesia, guardando cierta relación con la variable tiempo, pero especialmente conectando de forma estrecha la interacción entre el usuario en movimiento y el espacio

---

[39] Campo Baeza, A., (2012) "La Luz construye el tiempo", en Principia Architectonica. Madrid, Mairea, p. 97.
[40] Campo Baeza, A., (1998) "Con varias luces a la vez", en *La idea construida*. Madrid, COAM, p. 254.

recorrido mediante una secuencialidad), y luz conducida (llega al usuario encauzada tras atravesar distintos elementos que la conducen con un determinado propósito en función de sus propiedades, ya sean éstos vidriados -luz velada-, porosos -luz atomizada- o simplemente materia hueca que la luz atraviesa -luz canalizada-).[41]

En resumen, esta aproximación se propone definir aquellas cuestiones que explican la forma en que percibimos la luz y el espacio al que configura, desde la perspectiva subjetiva derivada de las sensaciones que en nosotros provoca la atmósfera producida por la luz que aprehendemos a través de los sentidos.

Luz metafísica

A la realidad objetiva que plantea la luz y la experiencia subjetiva que su percepción nos ofrece, cabe añadir la interpretación metafísica que hacemos de lo que existe y cómo lo percibimos.

Esta interpretación muestra una estrecha relación con aspectos filosóficos, espirituales y semióticos que derivan de la pretensión de comprender lo intangible que siempre ha acompañado al ser humano.

La comprensión de los fenómenos astronómicos y la necesidad de establecer una significación entre ellos y el espacio que nos rodea está presente desde las primeras muestras de arquitectura, en las que el hombre busca establecer una relación con el Sol mediante recintos que, como en el caso de Stonehenge, actúan a modo de dispositivo celeste.

> *En gran parte, nuestro conocimiento de la relación entre arquitectura y espiritualidad se basa en la dimensión "objetiva" de los edificios sagrados: su materialidad, espacialidad, geometría compositiva y otros atributos empíricos. (…) Si la arquitectura puede evocar lo inefable o sublime es precisamente porque las iglesias, sinagogas, mezquitas y ciertos monumentos influencian profundamente nuestra experiencia.*[42]

---

[41] N. del A.: Esta clasificación se basa en la que Henry Plummer establece en su tratado *Architecture of Natural Light* (publicado en español como (2009) *La Arquitectura de la Luz natural*. Madrid, Blume).

[42] Bermúdez, J., (2003) "Fenomenología, arquitectura y espiritualidad", en *Andinas. Revista de estudios culturales. En torno a la arquitectura, el urbanismo y el diseño*, nº2. San Juan, Universidad Nacional de San Juan, p. 9.

Por lo tanto, si el plano físico trata de responder a *qué vemos* y el fenomenológico responde a *cómo lo percibimos*, la luz metafísica da respuesta a *qué interpretación* hacemos de aquello que vemos y experimentamos por mediación de los sentidos.

Si bien esta interpretación semiótica está presente en toda obra de arquitectura, la dimensión metafísica de la luz se muestra de manera muy evidente a través de las catedrales del gótico, fruto de la denominada *estética o metafísica de la luz*[43], que asociaba la luz con la belleza divina.

> En la época en que se construyen las catedrales góticas este simbolismo religioso alcanza un inusitado desarrollo. Witelo distingue entre lux espiritualis (Dios) y lux corporalis (manifestación o expresión de Dios) o, lo que es lo mismo, entre lux como sustancia espiritual y lumen como sustancia material. (...) A través del artificio de la luz no-natural del interior gótico se estructura todo un complejo sistema de metáforas visuales que simbolizan la idea de la divinidad. Su origen literario se remonta a las referencias existentes en los Evangelios en los que se asocia la figura de Cristo con la lux vera.[44]

Atendiendo a su carácter simbólico y las interpretaciones que de ella se desprenden, podemos establecer una clasificación que distinga entre luz divina o sobrenatural (luz externa, identificada con la figura del Creador, representa lo absoluto y está en una dimensión superior a la luz del Sol) y luz humana (luz uniforme y en perfecto equilibrio que busca representar lo divino y lo humano a la misma escala al servicio de un espacio luminoso, esencial y libre de tensiones). Ambos tipos pueden a su vez tener connotaciones que permitan diferenciar entre luz eterna (inunda el espacio con cierta uniformidad de modo que, pese a ser cambiante, se percibe como inagotable) y luz efímera (luz que, mediante la localización de sus rayos, nos recuerda que sus condiciones varían a cada instante, resaltando el objeto por encima del espacio en que está inmerso).

Hay que tener en cuenta además que para la religión y en particular para el catolicismo, la Luz siempre ha representado conceptualmente a Dios,

---

[43] N. del A.: Corriente de pensamiento surgida de la filosofía estética de la Edad Media, desarrollada dentro de la filosofía escolástica en los siglos XIII y XIV, que otorga a Dios un carácter más racionalista apoyado en el pensamiento aristotélico.
[44] Nieto Alcaide, V., (1978) *La luz, símbolo y sistema visual*. Madrid, Cátedra, p. 44.

al Espíritu Santo y al Bien (en contraposición a la sombra como representación del Mal)[45].

De la misma forma que ocurre con el espacio arquitectónico en sí mismo, la luz pasa por diferentes etapas a lo largo del proceso creativo de Álvaro Siza, donde está presente desde las fases más iniciales del proyecto.

Para llegar a alcanzar pleno control sobre la luz y ponerla al servicio del espacio construido, Álvaro Siza emplea distintas herramientas asociadas a las sucesivas etapas del proyecto que van desde el dibujo a mano, como medio de expresión de una idea que en ocasiones tiene carácter intuitivo o mnémico, hasta las posteriores infografías, la realización de maquetas y, por último, la construcción de la luz mediante la materialización de los mecanismos de control necesarios en cada caso, llevando por tanto el proceso desde que la luz se manifiesta como una idea en la mente del arquitecto hasta que se convierte en un elemento construido con materialidad propia, capaz de configurar el espacio arquitectónico al que determina y dotarlo de identidad.

Dibujar la Luz

Para el arquitecto portugués, la luz guarda una estrecha relación con los materiales, y también con los colores, siendo muy diferente el espacio generado en función del color y propiedades del objeto sobre el que incide la luz. Además, asegura que la luz debe ser entendida como un elemento constructivo más. Así, Álvaro Siza trabaja la luz desde los dibujos iniciales del proyecto. De igual modo, ya desde el principio aparecen en su estudio infinidad de maquetas de trabajo ejecutadas con el propósito de entender cómo funciona la luz en el espacio proyectado. Se realizan bocetos y maquetas –en ocasiones incluso a escala 1:1- que ayudan a controlar el modo en que la luz dotará de carácter al espacio. Posteriormente, ingenieros de luminotecnia ayudan a definir la intensidad, las distancias, etc. con un trabajo en el que construyen una imagen virtual que ayuda al arquitecto a decidir para dar absoluta precisión al espacio.

---

[45] N. del A.: "Dios es luz para la iluminación de las gentes." Lucas. 2, 32. "Yo soy la luz del mundo; el que me sigue no anda en tinieblas, sino que tendrá luz de vida." San Juan. 8, 12.

Dibujo y Arquitectura. Origen del dibujo

Pese a haber perdido protagonismo en los últimos años en favor de las herramientas informáticas, el dibujo es sin duda una de las herramientas más poderosas con que los arquitectos cuentan como forma de expresarse.

Además del lenguaje propio asociado al dibujo propositivo, encontramos otra voluntad en el dibujo realizado como herramienta que permita examinar y conocer la realidad a través de él.

En el caso de Siza, estas dos componentes de su actividad de dibujante -la de las propuestas y la de los análisis- se manifiestan de forma simultánea en un método único que captura la realidad como una cámara de fotos y actúa sobre ella, fruto de una casi enfermiza necesidad compulsiva de dibujar que emplea como mecanismo para aprehender el entorno.

> El recurso del bolígrafo y del cuaderno es reflejo de su modo de ser. Con ellos Siza es independiente: representa la continuidad entre pensamiento y dibujo, entre memoria y proyecto. Dibujar para Siza es abrir el porvenir: la asignación de ese porvenir es el proyecto.[46]

La biografía de Siza ofrece una extensa cantidad de característicos 'dibujos de viaje' que, más allá de servir como herramienta proyectual, suponen un elemento con valor artístico propio, de la misma forma que hicieran anteriormente otros destacados arquitectos.[47]

Ya se ha hablado de la importancia que el dibujo tiene en su método de trabajo, pero el boceto juega un papel tan importante para Álvaro Siza que, según afirma, ni siquiera la aparición de las nuevas tecnologías es capaz de relegar los dibujos a mano a una función más secundaria:

---

[46] Melián García, Á., (2014) *El dibujo de viajes de Álvaro Siza. La instauración de la mirada*. Ponencia en el 15 Congreso Internacional de Expresión Gráfica Arquitectónica. Las Palmas de Gran Canaria. Universidad de Las Palmas de Gran Canaria, p. 492.

[47] N. del A.: El término Grand Tour, acuñado por primera vez en 1670 en *Voyage d'Italie* por Richard Lassels, se refería al viaje por Europa que muchos jóvenes de la alta sociedad hacían como parte de su formación. Posteriormente, viajar como fuente de inspiración y medio de formación ha sido adoptado por multitud de arquitectos y artistas de otros campos desde el Renacimiento hasta nuestros días, con ejemplos como el viaje a Oriente de Le Corbusier en 1911 o los viajes de Alvar Aalto por varios países bañados por el Mediterráneo en los años 40-50, entre muchos otros.

Hoy es imposible una formación que abarque e incluya en profundidad todos los saberes que se concentran en la Arquitectura y el proyecto. Claro que los equipos nuevos son un apoyo muy importante, incluso un acompañamiento en la consecución de un proyecto importantísimo. Rápido en unas fases, lento en otras. El boceto es mucho más rápido, no es comparable. Por eso la importancia del dibujo también en la formación de los arquitectos es grande. De ninguna forma se puede más rápidamente dialogar concretamente con imágenes implícitas con otros o consigo mismo que con el boceto.

(...) Esto el ordenador no lo hace de esa forma...[48]

Dibujo y aprendizaje. Finalidad del dibujo

Álvaro Siza empezó a dibujar siendo un niño, sentado en el regazo de su tío. Un tío que, según cuenta el propio Siza, *"siempre dibujó fatal"*. Pese a ello, le enseñó a dibujar caballos que ocho décadas después siguen cabalgando con frecuencia sobre el papel que cae en manos del arquitecto portugués.

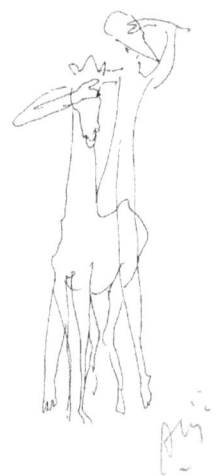

Boceto de un hombre montando a caballo, Álvaro Siza. Imagen: Archivo Álvaro Siza.

---

[48] Ver Anexos. Entrevista realizada por el autor a Álvaro Siza en su estudio de Oporto en diciembre de 2016.

El dibujo es para Álvaro Siza una herramienta para conocer la esencia del contexto en que ubicar sus edificios.

Los dibujos forman parte del proceso proyectual en su totalidad. De hecho, con frecuencia los bocetos aparecen en el proceso creativo antes de que se dibuje la primera línea del edificio, y representan el contexto, incluso a vista de pájaro como si su mente fuera capaz de sobrevolar el entorno y plasmarlo en el papel. Tras estos, aparecen innumerables bocetos formales del edificio, fruto de lo que como afirma Eduardo Souto de Moura recuerda a un plotter, "*sin parar, con impulso, como un vértigo en búsqueda de la solución que aún no ha llegado*".[49]

Bocetos del edificio *Schlesisches Tor* (*más conocido como Bonjour Tristesse*), Álvaro Siza. Imagen: Archivo Álvaro Siza.

---

[49] Souto de Moura, E., (2015) "Álvaro Siza: una entrevista revisada", en Rodríguez, J. y Seoane, C., *Siza x Siza*. Barcelona, Fundación Arquia, Colección Arquia/temas n° 38, p. 17 (de la entrevista realizada por Juan Rodríguez el 24 de abril de 2015).

En la metodología de Siza, la aproximación al lugar va siempre ligada a una manera de ver (no mirar, ver), y él mismo le asigna un papel fundamental en la génesis arquitectónica de sus proyectos al lugar y a esta forma de aproximación al mismo:

> *En mi actividad habitual utilizo el dibujo, sobretodo, con fines prácticos. Como ayuda para trabajar una idea. Como elemento de diálogo con otros interlocutores que intervienen en el proceso arquitectónico. Pero también lo utilizo como diversión. (...) Dibujar forma parte del encanto del viaje y sus pequeños descubrimientos. Los primeros dibujos siempre exigen más concentración; luego uno va liberando la mano y la mente.*[50]

Así pues, la obra de Álvaro Siza es un proceso mental infinito que nace de la imaginación pero crece alimentado por el análisis presente y también por la memoria, no estando inmerso en ninguna corriente pero nutrido de todas, dando como resultado una arquitectura capaz de trascender en el espacio y en el tiempo.

> *En el dibujo de Siza, así como en el de muchos escultores, la línea parece libertarse de su condición bidimensional para soltarse en el espacio y así crear tridimensionalidades. (...) Sus dibujos encuadran formas que deambulan entre otras formas (...) antes que éstos existan. A través de delicadas líneas se pasea mentalmente dentro de sus edificios virtuales, que un día se harán arquitectura.*[51]

Dibujo y memoria. Génesis del dibujo

El arquitecto portugués entiende que al igual que ocurre en su arquitectura ocurre con el dibujo. Convencido de que todos sus proyectos no son sino una única obra que guarda continuidad -*"porque cada proyecto está influido por el aprendizaje de todos los proyectos anteriores, acaso de manera inconsciente"*[52]-, en el dibujo aparece un factor aún más importante que el de la imaginación, el cual ya hemos comentado: la memoria.

---

[50] Siza, Á., (2005) *Fragmentos de una experiencia. Conversaciones con Carlos Castanheira, Pedro de Llano, Francisco Rei y Santiago Seara*. Madrid, Electa, p. 28.

[51] Barros, H., (2009) *El dibujo de Álvaro Siza: Pequeña Historia*. Valencia, EGA Expresión Gráfica Arquitectónica, Vol. 14, p. 178.

[52] Ver Anexos: Entrevista realizada por el autor a Álvaro Siza en su estudio de Oporto en diciembre de 2016.

Pese a su forma de dibujar compulsiva y casi automática, los trazos no surgen de forma espontánea, como una orden directa que va del cerebro a la mano y de la mano al papel. Son fruto de un intenso trabajo y sufren alteraciones de tipo mnémico, en muchas ocasiones de manera inconsciente, hasta dar con el resultado definitivo que, extrañamente, termina pareciendo algo evidente.[53]

> Lo más sobresaliente de la intensa labor del arquitecto, que mientras habla fuma de un modo casi desesperado, es la maravillosa calidad de los dibujos que siempre acompañan a sus obras. Hay varios libros con los bocetos de Siza, y este hecho ha contribuido mucho a extender una idea equivocada acerca de cómo nacen esos dibujos. La seguridad del trazo, la pureza de las formas, llevan a concluir que todo es fácil para el arquitecto. Sin embargo, detrás hay un trabajo de investigación agotador llevado a límites inimaginables.[54]

Y es posiblemente por esta influencia mnémica en el proceso proyectual que su obra es capaz de ofrecer soluciones adaptadas a cada proyecto y cada contexto y no soluciones tipo, y por ello resulta afín a numerosas corrientes pero es difícilmente abarcable en una de ellas.

> Siza afirma que encasillarlo en el 'contextualismo' representaría un disgusto. No porque desprecie el contexto (bien al revés) sino por el 'ismo' homogeneizador, que intenta fijar, catalogar, lo que en sí mismo fluye.[55]

Por tanto, el dibujo de Siza tiene su origen en el hemisferio derecho del cerebro, donde se aloja la creatividad, pero pronto irrumpe también el izquierdo en el proceso y sobre todo cobra un papel protagonista el hipocampo, donde habita la memoria a largo plazo, para traer al papel recuerdos que ni siquiera él sabía (de manera consciente) que tenía.

---

[53] N. del A.: Este hecho da origen al título de su libro "Imaginar la evidencia".
[54] Cruz, V., (2007) "Del museo en construcción a la iglesia construida", en Álvaro Siza: *Conversaciones con Valdemar Cruz.* Barcelona, Gustavo Gili, p. 104.
[55] Higinio Pereira Teixeira da Cunha, N., (2007) *Los dibujos de Álvaro Siza: Anotaciones al Margen.* Tesis Doctoral. Madrid, Universidad Complutense de Madrid, p. 243.

Dibujo y luz. Materialidad del dibujo

Ya hemos abordado el origen y la utilidad del dibujo en el marco del proceso proyectual de Álvaro Siza, pero, ¿qué diálogo se establece entre esos dibujos y la luz? ¿Cómo se puede abordar el diseño y la materialidad de la luz desde el boceto realizado durante la fase de proyecto?

Por lo general, prefiere ser él mismo quien genere bocetos en los que el edificio y sus espacios más singulares ya están construidos con cierta precisión, empleando por tanto el dibujo como medio, y analizar cómo la luz entra en dicho espacio para posarse o atravesarlo, y una vez que tiene esto claro concretarlo con la ayuda de las maquetas que se realizan en el estudio, basadas en esos bocetos, y cuantificarlo con ayuda de las herramientas informáticas para de nuevo volver a dibujarlo, en esta ocasión usando el dibujo como fin:

> *Yo trabajo con un ingeniero de luminotecnia. Defino este tipo de luz indirecta, y la influencia en el espacio formal también, pero hay un ingeniero especializado en electrotecnia, para controlar la intensidad, las distancias y demás. Y este ingeniero lo hace con ordenador donde construye una imagen virtual y luego puedo estudiar qué intensidad hay en aquella pared, qué intensidad hay en el suelo… Es necesario para el rigor. Yo lo estudio con el apoyo de un ingeniero, y en las escuelas debe ser un tema como los otros, no es un tema especial. Es una parte fundamental del concepto integral de la Arquitectura.*[56]

No precisa recurrir al uso de colores o grafismos complejos, sino simplemente plasmar la esencia del espacio generado, tal y como se concibe en su cabeza, para decidir la posición y dimensiones de las diferentes ventanas.

Una vez estos dibujos representan el espacio tal y como se quiere proyectar, y previamente a que los ingenieros se encarguen de dimensionar y cuantificar con rigor técnico las condiciones de la luz en el espacio, se trasladan esos espacios plasmados en papel a la realidad mediante la ejecución de maquetas, que terminan de ayudar a comprender los mecanismos de transformación mediante los que la luz y el espacio se entrelazan y dialogan hasta convertirse en una sola cosa.

---

[56] Ver Anexos: Entrevista realizada por el autor a Álvaro Siza en su estudio de Oporto en diciembre de 2016.

Modelar la Luz

Las maquetas han supuesto desde hace siglos un instrumento indispensable en la comprensión del espacio tridimensional proyectado, en contraposición a la bidimensionalidad del dibujo que, por lo general, no permite sustraer tanta información espacial. Del mismo modo que ocurre con el dibujo, los modelos tridimensionales ofrecen una interesante ambivalencia como parte del proceso proyectual: en primer lugar, como medio para obtener información de los distintos espacios y analizar las relaciones entre ellos. En segundo lugar, como fin para contar la arquitectura, siendo en muchos casos un medio de expresión mucho más potente visualmente que el dibujo.

Con la llegada del dibujo asistido por ordenador, las herramientas digitales han robado protagonismo en los últimos tiempos al papel de la maqueta arquitectónica, viéndose en muchos casos relegada por las infografías en 3D.

Sin embargo, éste no es el caso de Álvaro Siza, para quien las maquetas continúan gozando de un papel protagonista en el proceso proyectual de sus obras, como un escalón intermedio situado entre el dibujo a mano y el software especializado.

Las maquetas en el proceso proyectual del espacio

Dependiendo de su génesis y su finalidad, las maquetas arquitectónicas pueden clasificarse en cuatro categorías[57]: de concepto (abstracción), de trabajo (detalle), experimentales (búsqueda) o de presentación (seducción).

La maqueta de concepto sintetiza la esencia del proyecto y carece de detalles. Generalmente, en el estudio de Siza se realizan con cartulina, cartón pluma o planchas de PVC espumado, generalmente blancos y

---

[57] N. del A.: Para más información, ver Bravo, D., (2012) *Iteración creativa. El uso de la maqueta como herramienta de proyecto en OMA*. Tesis Final de Máster de Proyectos Arquitectónicos Avanzados. Madrid, Universidad Politécnica de Madrid.

rápidos de manipular. Este tipo de maqueta ensalza los puntos de vista esenciales del proyecto, por lo que suelen ser importantes también en fases más avanzadas del proyecto dado que ayudan a tener presente el concepto original y a no perderse en los detalles.

Las maquetas de trabajo se realizan una vez que los dibujos o maquetas de concepto han sido elaborados, y añaden un nivel de detalle mayor. Generalmente, es en esta fase cuando se empiezan a tener en cuenta los materiales a emplear. En muchos casos, las diferentes caras del volumen se sujetan mediante alfileres que permiten, en un momento dado, 'abrir' la cubierta o una fachada y modificar los volúmenes con facilidad para hacer pruebas.

 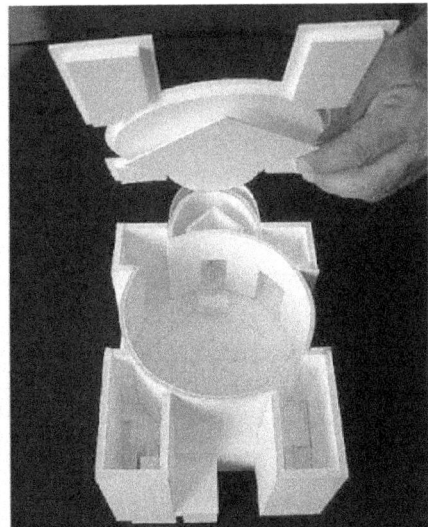

Iglesia de Saint-Jacques de La Lande, Álvaro Siza. Maqueta de trabajo.

Las maquetas de presentación están cargadas de detalle y de atractivo visual, y es habitual que se realicen en el Estudio para presentar el proyecto a un cliente o, sobre todo, a jurados de concursos. Éstas se realizan una vez que el proyecto está definido de manera casi total, por lo que no tienen incidencia en el proceso creativo ni en la materialización de la luz, sino que son más una constatación de los hechos.

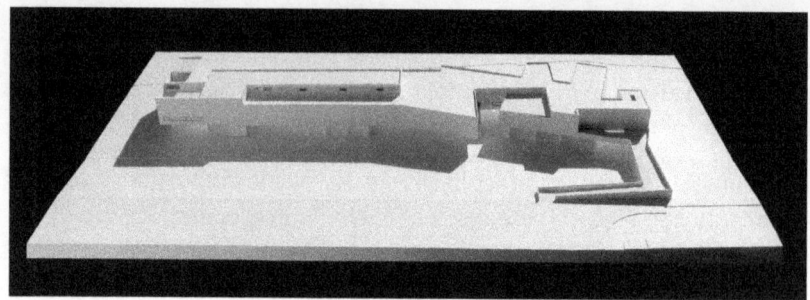

Museo de Arte Contemporáneo Nadir Alfonso, Álvaro Siza. Maqueta de presentación

Las maquetas en el proceso proyectual de la luz

Las maquetas experimentales tienen un propósito similar a las maquetas de trabajo, pero se centran en aspectos mucho más concretos del proyecto. Mientras que la maqueta de trabajo engloba generalmente la totalidad del proyecto, las maquetas experimentales son de utilidad como herramienta de investigación de nuevos materiales o elementos, pero no van necesariamente ligadas a la idea de proyecto. En el caso del estudio de Siza, este tipo de maquetas se realizan con mayor frecuencia para estudiar la iluminación de los espacios generados que para el análisis de cualquier otro elemento.

Nuevo Atrio para la Alhambra, Álvaro Siza. Maqueta de trabajo

En ocasiones simplemente se trata de una estancia o parte de ella, ejecutada con los mismos materiales que las de concepto, y ayudan a decidir conceptualmente la forma en que la luz incide en el espacio y dialoga con él. Para el arquitecto portugués, integrar la luz desde la fase más inicial del proyecto, con los dibujos y con las maquetas, es más que una prioridad una obligación:

> *Es algo que debe ser contemporáneo con todo el resto. Después del dibujo hay la maqueta, ordenador, conversaciones con ingenieros de las distintas especialidades. Ésta es una maqueta que es una Fundación, un pequeño Museo, en Portugal, aquí cerca* (indica mientras coge dos maquetas de su mesa). *Ésta es para estudiar exactamente la luz, una luz indirecta que entra aquí, ilumina los nichos… Y claro que hay un sistema de iluminación indirecto pero hay que controlar como éste define el espacio. Por tanto, el diseño, la concretización de un espacio, pasa también o tiene la influencia también de cómo entra la luz, también formal. Es un absurdo encargarse uno de hacer el edificio y después llamar a otro para ver la luz, estudiar el interior, a menos que sea uno más, en equipo desde el inicio.*[58]

Las maquetas, una vez que el concepto está claro, ayudan a verificar si ese diálogo realmente se va a producir de la manera prevista en el espacio construido:

> *Las maquetas son necesarias. Yo puedo dibujar el interior de un espacio, y ahí ya aparece la luz que entra por una ventana o un lucernario. O como yo creo que va a entrar, o que debe entrar. Pero no es hasta que lo veo en la maqueta que estoy convencido. O muchas veces no lo estoy, y hay que cambiar el concepto lumínico del proyecto. O el proyecto. Esto también ocurre cuando el ingeniero de estructuras, en un momento dado, dice: 'Necesito tanto'. Y o sirve o yo digo 'eso no sirve, es demasiado'. Y se estudia otra estructura, otro concepto estructural. O se cambia el proyecto también. Y este trabajo debe ser desde el inicio evidentemente, no puede ser al final del dibujo llamar a un ingeniero y otro y otro porque simplemente se puede concluir que el dibujo no sirve y hay que rehacer todo. Claro que con experiencia el arquitecto empieza a tener una noción de cuánta dimensión de vigas es necesaria, de cuánta*

---

[58] Ver Anexos. Entrevista realizada por el autor a Álvaro Siza en su estudio de Oporto en diciembre de 2016.

superficie de iluminación es necesaria... pero para dar rigor a eso y también para ahorrar muchas horas de trabajo inútil hay que trabajar con el que tiene la herramienta para ver la intensidad.[59]

Una vez que el proyecto está dibujado y las decisiones en torno a la iluminación tomadas, el proyecto está listo para materializarse. Y con él, a la vez que se construyen los muros o las cubiertas se materializa la luz, para lo cual Siza emplea diferentes estrategias proyectuales que contribuyen a que la luz se haga tangible en el espacio construido de diversas formas, atendiendo a diferentes aspectos como la tipología del edificio o su ubicación geográfica y cultural:

Hay aspectos climáticos, hay aspectos geográficos y hay también un aspecto cultural. Por ejemplo en Holanda hay mucha menos intensidad de luz, en general, que en Portugal o en España. Por tanto en principio las ventanas tienen que ser más grandes.

Luego hay aspectos culturales. Respecto a la luz, un ejemplo muy interesante es el de las casas árabes. Los palacios árabes y la tradición cultural que existe también en la Península. Si entras en La Alhambra ves un patio con luz fortísima, y luego un pórtico que disminuye un poco, y luego una secuencia de salas con mucha luz, luego pasas a una casi penumbra y hasta la oscuridad... y después vuelve la luz. Porque en realidad una casa sirve para proteger, para descansar y para socializar también. Y por tanto las necesidades de luz para el confort son distintas dentro de una casa.[60]

Construir la Luz

Para Álvaro Siza la luz tiene un papel fundamental como material constructivo del espacio. En su obra, las aperturas de huecos tienen en muchos casos su razón de ser en la voluntad de iluminar ese espacio arquitectónico interior de una determinada forma, pero también en la expresión exterior de lo construido.

---

[59] Ver Anexos. Entrevista realizada por el autor a Álvaro Siza en su estudio de Oporto en diciembre de 2016.
[60] Ver Anexos. Entrevista realizada por el autor a Álvaro Siza en su estudio de Oporto en Diciembre de 2016.

De la misma forma que, por lo general, no aparecen alardes estructurales injustificados, la luz es entendida como un material constructivo más del espacio-tiempo arquitectónico que debe ser igualmente empleado en su justa medida, sin alardes ni derroches injustificados de la misma, pues la Arquitectura -como explica Alberto Campo Baeza- debe ser *"precisa y certera"*[61]:

> *Una cosa que me impresiona mucho en arquitectura es el derroche, aspecto que se manifiesta incluso en el uso de la luz.*[62]

El hecho de que la luz sea obtenida sin coste económico puede inducir a los arquitectos a emplearla sin control dando por sentado que una mayor cantidad de luz deriva en una mayor calidad del espacio arquitectónico. Sin embargo, resulta ilógico pensar que la misma cantidad de luz es acertada para una iglesia, una oficina o un museo, o incluso que dentro de cada una de estas tipologías, todas las zonas deben compartir igual cantidad de luz. Es por ello que Siza busca ser preciso con ese rigor poético en el que se emplean únicamente los elementos necesarios.

> *Yo recuerdo cuando iba a trabajar en el Metropolitano de Nápoles. Y ahí hay una exigencia de que la intensidad de la luz sea la misma en todas partes del Metropolitano, medida con aparatos a un metro del suelo. Siempre la misma luz... Puede ser que en un sitio no haya necesidad de luz intensa. O unas oficinas, por ejemplo. No, todo igual. Y esto es un absurdo, es una limitación cultural increíble.*[63]

Este dominio de la luz, entendido como el control de la cantidad de luz en los diferentes puntos del espacio interior, resulta una de las señas de identidad de la obra de Álvaro Siza, siempre en busca de la luz apropiada para cada espacio, con precisión casi científica en lo que se refiere a la cantidad, y con rigor poético en lo que respecta a la cualidad.

---

[61] Campo Baeza, A., (2012) "La arquitectura como poesía", en *Principia Architectonica*, Madrid, Mairea, p. 24. (Texto escrito el 21 de octubre de 2007).
[62] Siza, Á., (1999) Entrevista en Frampton, K., *Álvaro Siza: Obra completa.*, Barcelona, Gustavo Gili, p. 10.
[63] Ver Anexos. Entrevista realizada por el autor a Álvaro Siza en su estudio de Oporto en diciembre de 2016.

Luz y gravedad

Históricamente, la luz sólo ha podido manifestarse en el interior del objeto arquitectónico filtrándose a través de los elementos estructurales opacos, lo cual implica que donde se manifiesta la gravedad no lo hace la luz y viceversa.

Por tanto, luz y gravedad se manifiestan como una dicotomía indisociable en la configuración del espacio arquitectónico, y de las dos surge el mismo y, por ende, la Arquitectura:

> *La Luz (...) es precisamente la única capaz de hacer que los espacios conformados por las formas construidas con material grávido floten, leviten. Hace volar, desaparecer la Gravedad. (...) La Luz venciendo a la Gravedad convoca a la Belleza sublime.*[64]

A diferencia de otros arquitectos, para los que la luz ocupa una posición central tanto del discurso teórico como de sus proyectos construidos, en el caso de Álvaro Siza esa aproximación a la luz construida se lleva a cabo de una forma predominantemente empírica, como una especie de constatación de los hechos probados en base tanto a la experiencia previa como a la experimentación propia del proceso creativo.

Pese a que ya desde sus primeras obras puede advertirse en Álvaro Siza un profundo interés en el empleo de la luz natural, ésta no supone para él un eje central en torno al cual articular el discurso teórico de su arquitectura.

El hecho de que no teorice sobre ella no significa, sin embargo, que no suponga una de las piedras angulares de su arquitectura, desde el proceso creativo hasta el resultado final. Para Siza, la luz es algo que está ahí ineludiblemente, y que es tratado con singular relevancia en todos y cada uno de sus proyectos. El éxito del proyecto reside en el caso de Siza en asumir la luz tal y como le viene dada, y en ser capaz de emplear los mecanismos que la manipulen a su voluntad para conseguir el efecto deseado en el espacio construido y en la percepción por parte del usuario.

---

[64] Campo Baeza, A.,(1995) "Idea, luz y gravedad. Sobre las bases de la arquitectura", en *La Idea construida: la arquitectura a la luz de las palabras.* Madrid, COAM, p. 79.

El enfoque plástico con que Juan Navarro Baldeweg aborda el tratamiento de la luz, con un sentido metafísico, así como la concepción más sensorial e intuitiva con que Alberto Campo Baeza se enfrenta al mismo problema, encuentran en el planteamiento de Álvaro Siza una nueva alternativa de carácter más empírico, y en cierto modo incluso pragmático, en tanto que no busca comprender el por qué de la manifestación de la luz y la gravedad en un sentido físico o sensorial, sino simplemente ser consciente de la realidad objetiva que percibimos para asumirla como condicionante del proyecto y darle la respuesta más idónea.

Luz y control

A lo largo de su dilatada obra, Siza ha hecho uso de multitud de mecanismos lumínicos distintos en función del uso al que se fuera a destinar el edificio, su ubicación geográfica o su orientación, entre otros aspectos. Si bien cada proyecto es único y carente de soluciones tipo, atendiendo a los mecanismos empleados por Siza como herramienta para la construcción del espacio arquitectónico a través de la gravedad y la luz podemos establecer una taxonomía de las diferentes estrategias conceptuales empleadas en función del efecto pretendido:

Estratificación:

Álvaro Siza es contrario a generar grandes ventanales o paramentos completos de vidrio si no tiene una clara justificación.[65] Sin embargo, sí encontramos una estratificación material en su obra pese a la presencia menos marcada del vidrio. En este tipo de obras, los elementos más pesados material y visualmente (estereotómico) se sitúan debajo y en contacto con el terreno, mientras que las piezas superiores acostumbran a ser más ligeras (tectónico) y se apoyan sobre la pieza inferior.

---

[65] N. del A.: Cabe recordar que en su adolescencia, un principio de tuberculosis le obligó a estar encerrado en la casa de unos familiares durante largo tiempo, sin salir de la habitación. Su único contacto con el exterior era el ventanal de la habitación, que proporcionaba unas interesantes vistas al campo. Con el tiempo, Siza llegó a odiar esas vistas y es por ello que asegura preferir que las vistas hacia el exterior sean una opción –con aperturas puntuales y muy localizadas- y no una imposición generada con grandes ventanales.

Esta estrategia está presente ya desde algunas de sus primeras obras, como es el caso del proyecto de la Casa da Chá, el cual presenta un basamento másico y pesado que conforma el propio terreno natural, sobre el que se deposita la arquitectura, blanca y de vidrio, mucho más ligera visualmente en contraste con la roca de la que parece brotar.

Casa de Chá, Álvaro Siza. Imagen del autor

De forma mucho más reciente, encontramos otro ejemplo de esta dualidad tectónica-estereotómica en el proyecto de su Casa en Korea que guarda además muchas similitudes con la Casa del Infinito de Alberto Campo Baeza, quien partiendo de las teorías de Frampton en torno al basamento estereotómico, materializa esta articulación de una meseta que se erige en una especie de observatorio de la naturaleza circundante y nexo de unión con el horizonte.

Casa en Korea, Álvaro Siza + Carlos Castanheira. Imagen: Fernando Guerra

Ingravidez:

Con motivo de una exposición en el IVAM, Enric Granell hacía la siguiente clasificación en torno a la tipología de las cúpulas en función del efecto lumínico y de ingravidez que producen en el observador:

> *Podemos establecer dos grandes familias de cúpulas. Una arrancaría del Panteón de Roma. La otra de Santa Sofía de Constantinopla. En el Panteón la única entrada de luz está en el óculo central. Podríamos decir que es la máxima definición de la luz gravitatoria, de la luz que se contamina del peso de los cuerpos y que define el cuenco espacial de la cúpula mientras va cayendo. Por el contrario, la cúpula de Santa Sofía no se abre en su cenit sino en su arranque por una serie de cuarenta ventanas colocadas entre sus nervios. Estamos frente a una luz que es como el fuego. No cae sino que asciende hinchando el vacío de la cúpula desde abajo con una luz ingrávida.*[66]

---

[66] Granell, E., (1999) *Juan Navarro Baldeweg. IVAM, Centre del Carme.* Valencia, IVAM, Mayo-Julio 1999, p.14.

Si hablamos de piezas que parecen dinamitar las leyes de la gravedad en la obra de Siza, el ejemplo más paradigmático lo encontramos en su Pabellón de Portugal para la Exposición Universal realizada en Lisboa en 1998.

Pese a no tratarse de una cúpula como tal, la cubierta que genera sombra al acceso mediante una ligera lámina de hormigón es, sin duda, su mayor conquista sobre la acción gravitatoria. La curvatura generada en dicha lámina no hace sino enfatizar el alarde estructural de un hormigón que incomprensiblemente no se fractura. Por último, la cubierta no llega a descansar sobre los apoyos de los extremos que suponen los edificios, sino que se ve interrumpida a una distancia corta pero suficiente para dejar asomar los cables tensados que alberga en su interior, agudizando así la sensación de ligereza al permitir la entrada de luz por estas rasgaduras, evocando una gran vela flotante en suspensión, en contraposición a la teórica pesantez del hormigón con que se materializa.

Pabellón de Portugal Exposición Universal Lisboa 98, Álvaro Siza + Eduardo Souto de Moura. Imagen del autor

Transparencia:

Encontramos varios ejemplos en la obra de Álvaro Siza concebidos en torno a la tectónica, materializada mediante ligeras tramas estructurales acompañadas de abundante vidrio que permite el paso de la luz de forma cuantiosa. Es el caso del Banco Borges&Irmao o el edificio de oficinas para Novartis, donde la ordenada estructura se hace visible -también desde el exterior- debido a una piel de vidrio que abraza la totalidad del edificio y que permite a la luz inundar el espacio interior con total libertad, siendo tamizada únicamente por mediación de elementos textiles adicionales de protección y control solar. Esta forma de diálogo del edificio con la luz proporciona una sensación de transparencia en la que los límites de la arquitectura quedan desdibujados, permitiendo que la relación interior-exterior sea mucho más fluida visualmente.

Edificio de oficinas Novartis, Álvaro Siza. Imagen: Fernando Guerra

Impluvium:

De la misma forma, son muchos los ejemplos en la obra de Siza concebidos en torno a lo estereotómico. Por lo general, en ellos encontramos una envolvente estructural portante que conforma el espacio, unificando la forma de éste con la estructura. En este tipo de proyectos, la luz atraviesa el espacio de forma cenital, gracias a unas aperturas practicadas con estudiada precisión. Dicho de otro modo, el espacio interior es vaciado para recoger la luz 'llovida' del cielo y distribuirla a los espacios adyacentes, del mismo modo que el impluvium de las domus romanas recogía el agua de lluvia. Este tipo de arquitectura más estereotómica tiene un buen ejemplo en la Biblioteca de la Universidad de Aveiro, donde el arquitecto genera un vaciado del volumen másico con el fin de dejar la estructura de pilares vista. A esto, añade una serie de lucernarios en cubierta que permitan a la luz atravesar el espacio interior y dotarlo de ligereza visual.

Esto también ocurre en el proyecto de la Fundación Ibere Camargo, posiblemente el edificio más 'másico' de la obra reciente del arquitecto portugués. Pese a que exteriormente se vislumbra un volumen muy compacto, el vaciado que se genera sobre el atrio del acceso con las rampas voladas reduce ya en buena medida la robustez de la pieza, que termina por diluir su corpulencia en el espacio interior vaciado en toda la magnitud de su altura y sobre el que también se generan unos grandes lucernarios a través de los que la luz cenital se cuela y da un carácter etéreo al conjunto, atado mediante las rampas que conectan los diferentes niveles expositivos.

Fundación Ibere Camargo, Álvaro Siza. Imagen: Fernando Guerra.

Compluvium:

En lugar de inundar de luz un gran atrio central vaciado para tal efecto, es el propio lucernario el que adquiere el protagonismo, actuando a modo de compluvium como una gran apertura realizada en el techo que permite la entrada de luz solar en el espacio proyectado, actuando como una gran luminaria pero con la singularidad de aportar luz natural en lugar de artificial.

Quizás el mejor ejemplo de la iluminación cenital mediante lucernarios en la obra de Siza lo encontramos en el proyecto anteriormente mencionado de la Biblioteca de Aveiro, de marcada influencia aaltiana, y que presenta en su sala de lectura multitud de perforaciones troncocónicas que regulan la entrada de luz, y que se muestran desde el interior como elementos circulares.

Sin embargo, la mayor muestra de iluminación cenital mediante un lucernario que actúa como luminaria lo encontramos en la Biblioteca de la FAUP (Faculdade de Arquitectura da Universidade do Porto), generado en este caso a partir de una morfología mucho más compleja en que la parte superior se eleva respecto al plano de la cubierta formando un triángulo con cristal a ambos lados que permite el paso de luz al interior.

Biblioteca de la FAUP, Álvaro Siza. Imagen del autor

Estos mecanismos de control de la luz dan respuesta a la forma en que ésta se manifiesta en cada proyecto, fruto de un interés por la luz que si bien no lleva a Siza a teorizar sobre ello en sus escritos sí la convierte en una de las piedras angulares de su obra, ofreciendo muy distintas respuestas pero situando siempre a la luz en el centro del proceso y también del resultado final.

Bocetos, maquetas y mecanismos lumínicos construidos son parte de un camino continuo que desemboca para Siza en la capacidad de dominar la luz y convertirla en una materia tangible capaz de configurar el espacio-tiempo arquitectónico como ningún otro material del proyecto.

Aunque no es posible establecer una taxonomía cerrada respecto a las formas en que la luz se manifiesta en la arquitectura, lo que se ha pretendido es establecer una clasificación de las distintas estrategias conceptuales empleadas por Siza y comunes a varios de sus proyectos, incluso cuando los mecanismos empleados para ello no sean necesariamente los mismos.

Comprender estos mecanismos de control y las estrategias conceptuales asociadas a ellos resulta fundamental para aproximarse al espacio arquitectónico desde las tres dimensiones atribuidas a la luz: la física vinculada al objeto en sí mismo, la fenomenológica referida a la vivencia experimentada por parte del sujeto y la metafísica, ligada a la interpretación que se haga de su significado en relación al espacio.

Establecer con rigor las fronteras que dividen estas tres perspectivas de límites difusos resulta imposible, por lo que una vez hecha la categorización que nos permita definirlas de forma independiente debemos recuperar la idea de que son vasos comunicantes, complementarias y necesarias todas ellas para una experiencia plena del espacio arquitectónico vivido.

Si bien la luz representa un papel fundamental como material configurador del espacio construido en toda la obra de Siza, son muchas las voces autorizadas –incluida la del propio arquitecto- que coinciden en apuntar a la iglesia de Santa Maria en Marco de Canaveçes como el proyecto donde la luz alcanza su máxima expresión en este sentido. Desarrollado ya en la madurez y plenitud de su trayectoria, aglutina los distintos rasgos de identidad propios de su pensamiento teórico, y en él están presentes en buena medida las distintas estrategias conceptuales de manifestación de la luz que el arquitecto ha ido puliendo a lo largo de sus proyectos previos. Por último, al tratarse de un espacio religioso, la luz adquiere aquí un protagonismo metafísico especial en la configuración del espacio cultual.

Por éstos y otros motivos que iremos desgranando, la iglesia de Santa Maria en Marco de Canaveçes resulta el paradigma perfecto para el análisis de la luz como material constructivo del espacio arquitectónico en la obra de Siza.

SEGUNDO MOVIMIENTO: LA IGLESIA DE SANTA MARÍA EN MARCO DE CANAVEÇES

ORIGEN Y CONTEXTUALIZACIÓN

Introducción

Atendiendo a las influencias de la Modernidad que especialmente Távora, Le Corbusier y Aalto tienen en la obra de Álvaro Siza, se pueden extraer espacios comunes a ellas que permiten definir los tres pilares fundamentales sobre los que se sustenta la obra del arquitecto portugués:

- El **contexto**: entendido como el conjunto de condicionantes que rodean al edificio. Abarcan el aspecto físico -vinculado a la topografía y el entorno-, pero también el respeto por la tradición del lugar, o el momento histórico y social en que se ubica el proyecto, entendiendo que entre las funciones de la Arquitectura también está mejorar el entorno mediante el diálogo con el mismo.

- El **espacio**: entendido como el resultado tridimensional del elemento arquitectónico construido, pero también la percepción del mismo por parte del usuario a través de los sentidos, y la influencia de la variable temporal o cuarta dimensión para determinar el carácter kinestésico del elemento.

- La **luz**: entendida como el material configurador principal del espacio-tiempo arquitectónico. No sólo como elemento físico que hace visible el espacio sino también capaz de generar sensaciones y adoptar distintos significados en su relación con el espacio, con el resto de materiales y con el usuario.

La iglesia de Santa Maria en Marco de Canaveçes recoge de forma paradigmática una buena muestra de estos aspectos o rasgos de identidad esenciales en la obra del arquitecto, además de permitirnos analizar de una manera muy particular el carácter de la Luz por el simbolismo que este material adquiere en su papel de elemento configurador del espacio destinado al culto.

Por ello, se plantea un recorrido por la iglesia de Santa Maria siguiendo unas líneas metodológicas que se articulan en tres vías de análisis: Crítica Descriptiva, Crítica Perceptiva y Crítica Analítica.[1]

Así, los tres pilares básicos de la obra de Siza se han abordado desde estos tres enfoques críticos, de forma que se recorre el edificio desde tres realidades distintas:

- La realidad física. Asociada al análisis objetivo de las cosas, permite entender el espacio arquitectónico y sus condicionantes, descritos desde un enfoque ajeno al usuario, basado únicamente en lo que las cosas son.

- La realidad fenomenológica. Asociada al análisis subjetivo de las cosas, está estrechamente ligada con el carácter perceptivo de la arquitectura, y permite analizar el carácter sensitivo con que el usuario percibe la realidad física existente.

- La realidad metafísica. Asociada al análisis semiótico de las cosas, se nutre principalmente de los signos y símbolos y los significados que éstos adoptan. Este enfoque tiene especial relevancia en el caso de la arquitectura religiosa, cargada de simbología, pero donde también otros elementos que no son propiamente asociados a la liturgia –como es el caso de la luz- pueden adquirir una potente significación.

Definir las propiedades físicas de la luz en relación con el espacio pasa principalmente por describir sus características en cuanto a la direccionalidad (vertical, horizontal o diagonal) y la presencia de obstáculos entre el foco emisor y el objeto iluminado (luz directa, indirecta y tamizada).

Por su parte, definir las propiedades fenomenológicas de la luz en su relación con el espacio requiere describir características como la corporalidad con que se manifiesta (luz sólida y luz difusa) y la forma en que dialoga con el espacio y con el usuario para determinar el modo en que éste la percibe (luz evanescente, luz procesional y luz conducida).

---

[1] N. del A.: Esta línea metodológica tiene su origen en una sistemática de análisis implementada en el Departamento de Proyectos de la ETSA de la Universidad Politécnica de Madrid, donde se lleva aplicando desde hace más de dos décadas bajo la supervisión de la doctora arquitecta Carmen Espegel, y que añade a estas tres realidades la llamada Crítica Poética que, en nuestro caso, hemos absorbido dentro de la Crítica Descriptiva.

Sin embargo, a diferencia de lo que ocurre con las propiedades físicas, analizar la Luz desde el punto de vista fenomenológico y perceptivo como un elemento aislado carece de sentido, puesto que precisamente lo que se defiende con la fenomenología es una experiencia completa a través de la percepción subjetiva asociada a todos los sentidos.

> *Debemos considerar el espacio, la luz, el color, la geometría, el detalle y el material como un continuum experiencial. Aunque podamos desmontar dichos elementos y estudiarlos separadamente durante el proceso de proyecto, éstos se fusionan en el estado final y, en última instancia, no podemos dividir fácilmente la percepción en una sencilla colección de geometrías, actividades y sensaciones.*[2]

Por tanto, aunque sean explicados aquí como elementos aislados vinculados a cada fuente de luz, conviene aclarar que la experiencia perceptiva de la luz por parte del usuario en la iglesia es una experiencia fenomenológica asociada a su vez al espacio, la geometría, la materialidad y todos los demás elementos que determinan el carácter fenomenológico del espacio en su conjunto.

Finalmente, tratándose de una obra de arquitectura religiosa, cabe con mayor motivo añadir el análisis de la luz desde el punto de vista semiótico, puesto que se trata de una tipología arquitectónica cargada de profunda simbología que ayuda a definir el espacio cultual. Además, a tenor del momento de profunda transformación postconciliar que atraviesa la Iglesia y su liturgia, la iglesia de Santa Maria resulta de forma inconsciente el nexo de unión perfecto entre la profunda tradición simbólica derivada de siglos de arraigo y el nuevo espacio de culto al que la Iglesia se dirige con el objetivo de acercarse a sus fieles.

Aunque con el fin de establecer una clasificación, lo que se ha hecho aquí es definir cada una de las fuentes desde cada uno de estos enfoques (físico, fenomenológico y metafísico), la cualidad de la luz como material configurador del espacio-tiempo de la iglesia es la suma de todas las fuentes, con sus propiedades físicas particulares, y especial-

---

[2] Holl, S., (2014) *Cuestiones de percepción: fenomenología de la arquitectura*. Barcelona, Gustavo Gili, p. 15.

mente con el conjunto de las experiencias sensoriales que generan la atmósfera espacial, así como la suma de los múltiples significados que terminan de dotar de identidad y carácter propios al espacio.

Origen del encargo

En el año 1989, Álvaro Siza recibe el encargo para llevar a cabo el nuevo complejo parroquial de Marco de Canaveçes. Nuno Higino Pereira Teixeira da Cunha, sacerdote que por entonces ostentaba el cargo de párroco de la localidad, fue el principal valedor del arquitecto y del proyecto:

> *Lo conocía de Boa Nova, donde a veces iba a tomar café con los colegas del Seminario. Lo conocía de la casa Avelino Duarte, en Ovar, que una vez intenté –en vano- visitar. Era una casa que me había causado una impresión muy fuerte. Lo conocía de las clases de Arte Sacra donde, en cierta clase, había oído al profesor lamentarse por el hecho de que Siza nunca hubiera sido invitado para hacer una iglesia. Lo conocía, sobre todo, porque un amigo, por entonces estudiante de arquitectura en Oporto, me hablaba de él con entusiasmo. Fue precisamente por este último que fui llevado delante de Siza. Tenía preparados algunos apuntes con ideas confusas –lo reconozco ahora- y una certeza: convencerlo de aceptar diseñar la iglesia de Marco de Canaveçes.*[3]

Desde el inicio se planteaba proyectar un conjunto que, además del templo, integrara todas las dependencias parroquiales. Dicho conjunto se ha desarrollado, por cuestiones principalmente económicas, durante cerca de 20 años, hasta su conclusión en el año 2006.

---

[3] Higino, N., (1998) "A igreja de Santa Maria. Nascimento e desenvolvimento de uma ideia", en VV.AA., *Câmara Municipal de Matosinhos, Centro documental Álvaro Siza /ICEP*, p. 145. (Traducido del texto original: '*Conhecia-o da Boa Nova, onde, às vezes, ia tomar café com os colegas do Seminário. Conhecia-o da casa Avelino Duarte, em Ovar, que uma vez tentara, em vão, visitar. Era uma casa que me tinha causado uma impressão muito forte. Conhecia-o das aulas de Arte Sacra onde, certa aula, tenho ideia de ouvir o profesor lamentar-se do facto de Siza nunca ter sido convidado para fazer uma igreja. Conhecia-o, sobretudo, porque um amigo, na altura estudante de arquitectura no Porto, me falava dele com entusiasmo. Foi precisamente pela mão deste último que fui levado diante de Siza, ele mesmo. Tinha preparado alguns apontamentos com ideias algo confusas –reconheço-o ahora- e uma certeza: convencê-lo a aceitar desenhar a igreja de Marco de Canaveçes.*')

La iglesia se construye entre 1994-1997, por lo que tras años de hermetismo, Portugal se encuentra en un período de consolidación, plenamente abierto a Europa y al otro lado del océano.

Dicho período apuntala la reconstrucción de país que se venía desarrollando desde la Revolución de los Claveles, dos décadas atrás, con un ambiente de liberación que insufló un fuerte ímpetu de renovación pero preservando el respeto por la memoria histórica y la tradición portuguesas.

Estos aires de renovación algo distintos a los parámetros más habituales en el norte de Portugal y la elección de un arquitecto por entonces desconocido, generó una profunda controversia al inicio, y especialmente cuando el edificio fue tomando forma.

La situación sufrió un cambio drástico cuando Álvaro Siza fue invitado por el entonces alcalde de Lisboa, Krus Abecassis, para hacerse cargo de la restauración del barrio histórico del Chiado, símbolo de la Baixa lisboeta concebida después del terremoto de 1755 y destruido por completo con el incendio sufrido el 25 de agosto de 1988.

> *Procuré hacer ver a los parroquianos que el choque de esta iglesia sería fundamental para la renovación del arte sacro. Para entonces, providencialmente para nosotros, Siza es invitado para reconstruir el Chiado, en Lisboa, y la mediatización resultante jugó a mi favor. Siza aparece con frecuencia en la televisión, habla en los periódicos, recibe premios. Y los marcoenses empiezan a sentirse orgullosos de 'su arquitecto'.*[4]

Paralelamente a la apertura experimentada por Portugal, Siza había recibido en 1988 el Premio de Arquitectura Contemporánea Mies van der Rohe. El inicio de su reconocimiento mediático y el encargo para la reconstrucción del Chiado hicieron cambiar de opinión a una comunidad

---

[4] Higino, N., (1998) "A igreja de Santa Maria. Nascimento e desenvolvimento de uma ideia", en VV.AA., *Cámara Municipal de Matosinhos, Centro documental Álvaro Siza / ICEP*, p. 145. (Traducido del texto original: '*Procurei fazer ver aos paroquianos que o 'choque' desta igreja iria ser fundamental para a renovação da arte sacra. Por esta altura, providencialmente para nós, Siza é convidado para reconstruir o Chiado, em Lisboa, e a mediatização daí resultante jogou a meu favor. Siza aparece com frequência na TV, fala aos jornais, recebe prémios. E os marcoenses coeçam a sentir orgulho no 'seu arquitecto.'*')

que, inicialmente, no vio con buenos ojos la idea de iglesia renovada planteada por un arquitecto laico. Al tiempo que se desarrollaba el proyecto, la fama de Siza fue en aumento hasta ser galardonado en 1992 con el Premio Pritzker, máximo reconocimiento para un arquitecto. Además, a diferencia de sus primeras obras, Siza ya ha viajado mucho en esta etapa de su vida, llevando incluso a cabo destacados proyectos en otros países como Alemania o Países Bajos, por lo que se encuentra en este periodo ya plenamente *internacionalizado* y abierto a cualquier corriente exterior que pueda resultar de interés.

Además, si desde sus inicios valoraba especialmente la forma de trabajo artesanal propia de Portugal, después de realizar trabajos en otros países europeos aún es más consciente de que ésta es una de las señas de identidad de la arquitectura portuguesa, y como tal busca ponerla en auge en sus proyectos.

Con el tiempo, el proyecto fue capaz de despertar la admiración de la crítica, la aprobación de la ciudad de Marco de Canaveçes e incluso el alago de otros grandes maestros de la arquitectura contemporánea.

Testimonio de Rafael Moneo en el libro de visitas de la iglesia.

'Felicísimo de haber tenido la fortuna de ver esta espléndida obra. Con mis felicitaciones, para Álvaro Siza y para la ciudad de Marco de Canaveçes por disfrutar de tan hermosa iglesia.'

También dentro de la Iglesia, el proyecto -surgido en un momento de intenso debate teórico y teológico- ha terminado por hacerse con la aprobación de la comunidad religiosa.

Testimonio del Cardenal Gianfranco Ravasi en el libro de visitas de la iglesia.

'*Recordando un encuentro y una experiencia extraordinaria, de belleza y de luz.*'

ANÁLISIS OBJETIVO: REALIDAD FÍSICA DE LA OBRA

El contexto físico

Situación

Latitud: 41°11'18.7"N / Longitud: 8°08'43.5"O / Altitud: 206 metros

La iglesia de Santa Maria se ubica en Marco de Canaveçes, una ciudad portuguesa situada en el Distrito do Porto, região Norte y perteneciente a la comunidad intermunicipal de Tâmega e Sousa. Fundada en 1852, cuenta con una superficie de 202,02 km2 y su población no supera los 55.000 habitantes, divididos en 31 freguesias. Situada a poco más de 50 kilómetros al interior de Porto, limita al norte con Amarante, al este con Baião, al sur con Cinfães, al suroeste con Castelo de Paiva y al oeste con Penafiel. Se extiende por un territorio abrupto marcado por el río Tâmega, de 145 kilómetros de longitud que van desde su nacimiento a 960 metros de altitud en las estribaciones de la sierra de San Mamede (Laza, provincia de Ourense) hasta su desembocadura en el río Duero en Entre-os-Rios, en el municipio de Penafiel.

Emplazamiento

Prácticamente en el centro de la ciudad se eleva el bloque blanco que da forma a la Iglesia de Santa Maria, parte de un conjunto construido en un solar de forma irregular de 5.470 m2 y con una superficie construida total ligeramente inferior a los 3.500 m2.

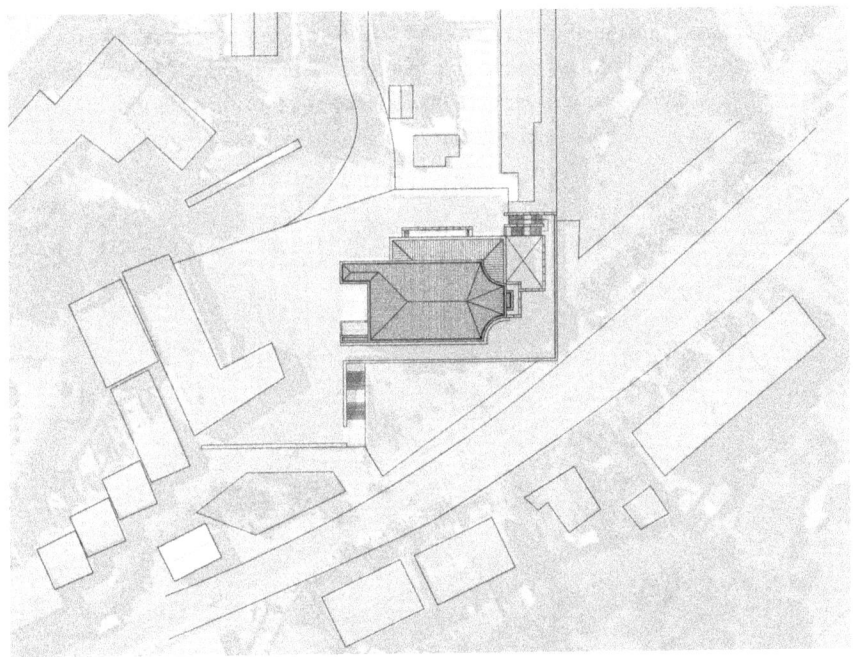

Contexto urbano

Dicho emplazamiento, como todo el municipio, cuenta con importantes desniveles y se completa con el centro parroquial que cierra la plaza desde la que se accede a la iglesia.

El proyecto surge a partir de la implantación de un gran atrio, situado en la cota superior a la avenida Gago Coutinho, eje principal de esa zona urbana. La plataforma es atravesada por la Rua Bairro dos Murteirados, que surge como una escisión de la avenida principal y se aleja en perpendicular a la misma, ya en el nivel superior de la plataforma. Dicho basamento busca articular dos construcciones preexistentes (una residencia de ancianos y una pequeña ermita actualmente en desuso) y dotar de identidad propia al nuevo entorno generado, en lo que se define como un cosido de piezas disonantes en un complejo orden nuevo, que va más allá de los límites propios del proyecto para dar también solución a un problema previo del entramado urbano.

> Fue muy útil la presencia de un edificio no muy bonito pero geométricamente muy preciso, que era el único elemento sólido en la zona; el edificio se eleva por detrás de la colina en donde está la iglesia y por lo tanto al analizar la topografía, procuró referirse mucho a este volumen, que es muy notorio, colocando la iglesia en ángulo recto, ocupando la colina en forma simétrica.[5]

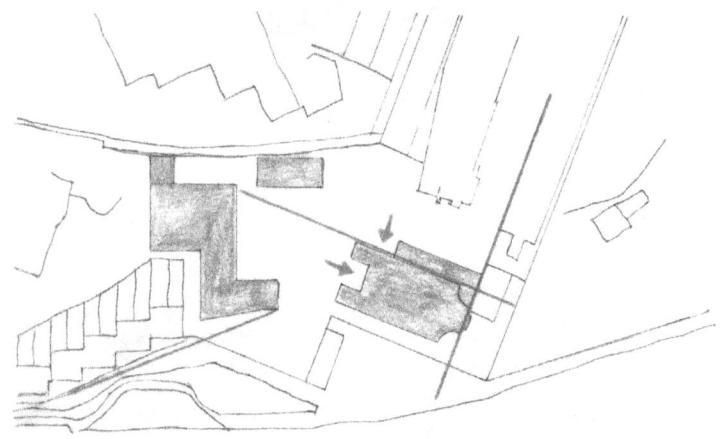

Alineaciones y accesos

Los recorridos entre las distintas cotas se convierten en una de las premisas de la actuación. Para dar respuesta a ello, se genera una rampa que desemboca en la plaza a modo de atrio, una escalera en perpendicular al acceso, en la parte sureste, y unas escaleras más discretas anexas al volumen principal en su fachada noroeste que conectan la parte baja

---

[5] Oramas, L., (2009) "Puerta en la iglesia de Marco de Canaveçes, de Álvaro Siza", en *Boletín de información Técnica de AITIM, nº 259*. Madrid, p. 21.

del lugar con la parte alta, donde se ubica la ermita preexistente. De este modo la plataforma adquiere el carácter de gran plano de acceso, y los tres elementos de comunicación vertical ofrecen en su recorrido una amplia variedad de perspectivas tanto sobre la iglesia como sobre la ciudad.

El carácter contextualista de la arquitectura de Siza también se evidencia en la iglesia, que se impregna de la topografía y se deposita con sutileza en el lugar, transformando el contexto urbano a través de la ordenación del espacio, conectando los diferentes niveles, pero preservando el espíritu de la edificación circundante:

La visita al lugar seleccionado me había preocupado seriamente: se trataba de un lugar dificilísimo con acentuadas diferencias de nivel, dominando además desde la altura una carretera repleta de tráfico. Por si esto fuera poco, la zona estaba marcada por edificios de pésima calidad.[6]

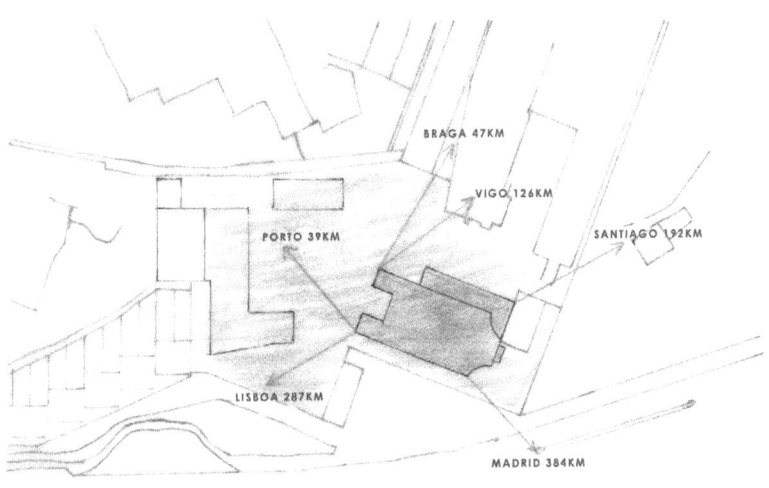

Entorno urbano | Situación

---

[6] Siza, Á., (2003) *Imaginar la evidencia*. Madrid, Abada Editores, p. 45.

La iglesia forma parte de un complejo compuesto por tres edificios: uno destinado a residencia parroquial, otro a iglesia y capilla mortuoria y un tercero para el centro parroquial compuesto por el auditorio y la escuela dominical.

La articulación de los tres volúmenes permite generar el atrio, delimitado por dos piezas en 'U': una del centro parroquial, de mayores dimensiones, y otra compuesta por las dos torres que albergan el campanario y el baptisterio a derecha e izquierda de la fachada principal de la iglesia.

Los nuevos edificios se ubican en torno a esa especie de atrio central, un espacio ceremonial situado frente a la entrada de la iglesia muy presente en los dos siglos anteriores y que además contribuye a articular el área circundante al complejo.

Tanto la topografía del lugar como las preexistencias resultaron fundamentales en el desarrollo del proyecto, tal y como se aprecia en los planos ya desde la fase de anteproyecto.

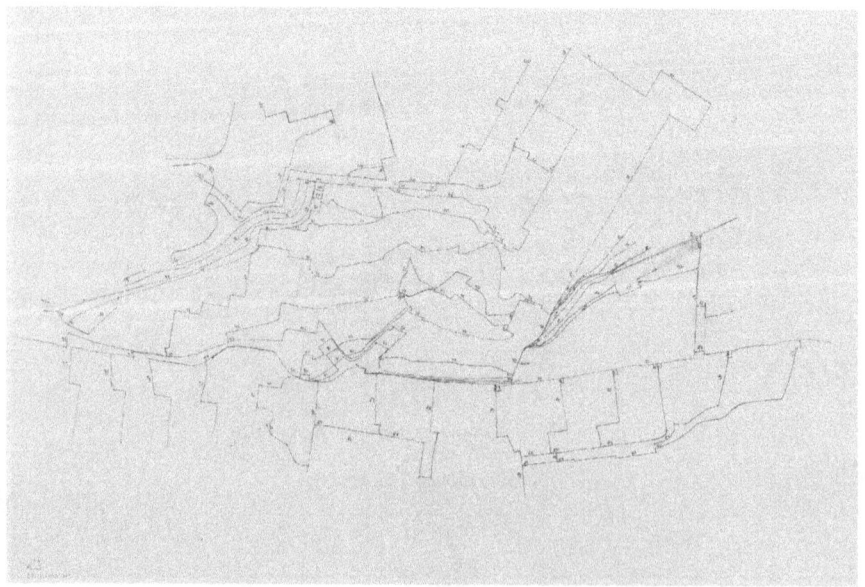

Levantamiento topográfico del proyecto. Imagen: Archivo Álvaro Siza

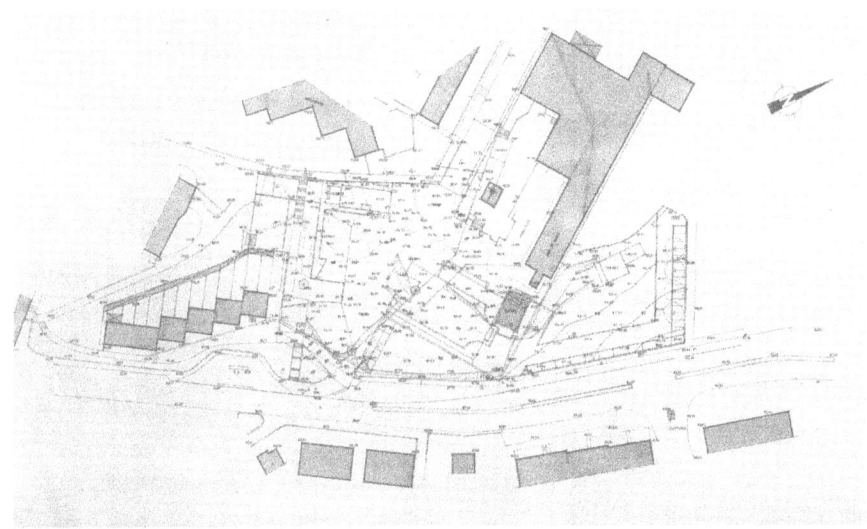

Plano implantación cotas de nivel. Imagen: Archivo Álvaro Siza

La iglesia queda articulada entre estos dos niveles adaptándose al desnivel y también a la separación de usos: el inferior, correspondiente al zócalo, destinado a la capilla mortuoria y el claustro, y el superior, enfocado a la reunión y que alberga la nave mayor.

Al principal se adosa un volumen menor también estructurado en dos plantas, que aloja la sacristía y las distintas actividades auxiliares del párroco y demás dependencias de servicios.

En la cota inferior, con entrada inmediata desde la Avenida Gago Coutinho, encontramos un claustro con el acceso aporticado, que contiene un ciprés, las puertas de acceso a la capilla mortuoria y una lámina de agua, además de las escaleras que comunican con el nivel superior.

Para acceder a la plataforma elevada de la iglesia, los usuarios pueden hacerlo a través de una rampa situada hacia el este o mediante tres escaleras al oeste, con dos plataformas principales que se relacionan con la disposición de las calles en la ciudad.

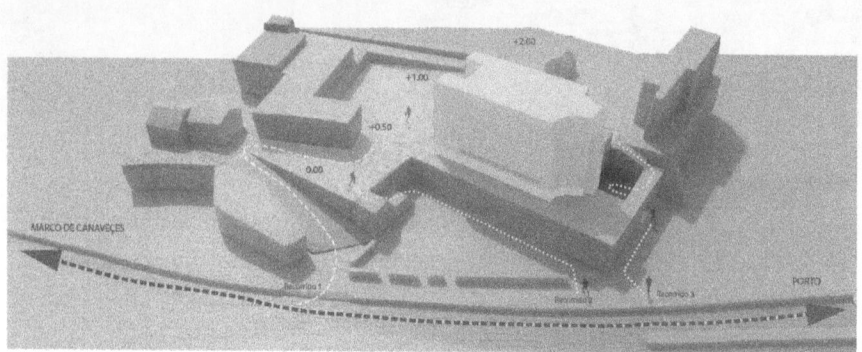

Posibles recorridos

Una vez arriba, igualmente relevantes resultan las ubicaciones del centro parroquial y la vivienda destinada al párroco, situados de manera estudiada enfrentados a la alta puerta principal y conformando esa especie de gran 'U' encarada a la pequeña 'u' que suponen las torres del baptisterio y del campanario enmarcando la citada puerta principal.

Ello permite a su vez una relación directa con las construcciones de menor escala circundantes al conjunto y terminan de definir esa pequeña plaza urbana a modo de atrio, en que la 'acrópolis' que es la iglesia da la espalda a la carretera.

A la nave principal se puede acceder desde el volumen anexo de la sacristía, pero el acceso canónico se produce desde esta plaza.

Vista aérea de la iglesia. Imagen: Fernando Guerra

El espacio construido

Dimensión

La iglesia, con una superficie construida de 732 m2, presenta en planta una tipología de nave rectangular, con una longitud de 30 metros. La anchura y la altura de la nave se plantean ambas de 16,5 metros interiores (17,5 metros de altura exterior).

La entrada principal se sitúa en el extremo suroeste, en una fachada que se divide en tres secciones, con dos torres simétricas que sobresalen del plano central en el que se ubica la puerta principal, de 3x10 metros.

En el alzado posterior, orientado al noreste, las curvas que al interior conforman el ábside se muestran al exterior en un gesto de sinceridad constructiva, coherente con el interior, generando también una estructura tripartita aunque de composición desigual a la fachada principal. En este caso, el volumen saliente es únicamente atravesado por un hueco en la parte superior.

Fachada noreste de la iglesia. Imagen: Juan Rodríguez

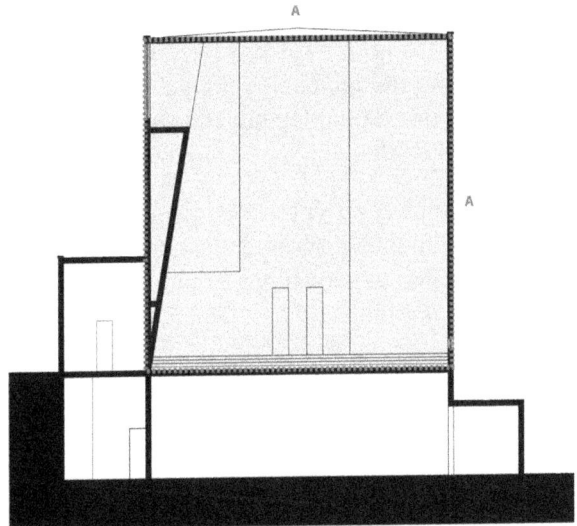

Una vez dentro, encontramos una nave única que, como hemos adelantado, presenta una altura y anchura premeditadamente coincidentes.

Podría definirse como un espacio prismático intersecado en su interior por tres planos curvos, uno en la fachada noroeste y dos en el ábside. Dicho espacio se articula gracias a los distintos puntos de entrada de luz natural: por un lado, el muro curvo de la fachada noroeste[7] es coronado por tres ventanales que se funden con el techo de la nave; por otro, el altar presenta un ábside central recto al que se practican dos aberturas rectangulares por donde se filtra la luz; finalmente, en el muro sureste se ubica un largo ventanal horizontal de menos de un metro de altura con el que se pretende vincular la iglesia con el pueblo.

---

[7] N. del A.: Pese a que la orientación de las fachadas está ligeramente girada respecto a los puntos cardinales puros, se ha adoptado el criterio de simplificación en cuanto a nomenclatura siguiente: la puerta principal, orientada al suroeste, se define como fachada oeste; la pared curvada interior, situada realmente a noroeste, se define como pared norte; la fachada del ábside, situada a sureste, se considera como fachada este y el largo ventanal horizontal, situado en la fachada sureste, se describe como fachada sur.

Ésta fue una de las decisiones más arriesgadas ya que, de forma inusual en una iglesia católica, los feligreses pueden perder su mirada en la lejanía del valle al mismo tiempo que asisten al oficio religioso, en contraposición con la idea de colocar los huecos de manera que se impida el contacto visual con el exterior.

La nave central es la única zona de toda la iglesia que está a cota 0,00m (misma cota que el pavimento exterior de la plaza por donde se accede). Su pavimento es de tarima de castaño, a excepción de una pequeña zona en el acceso que es de mármol.

El altar, situado en el extremo noreste e inicialmente previsto 60 centímetros sobre la nave central, se eleva finalmente sólo 45 centímetros, suprimiendo así uno de los cuatro escalones planteados y dejando únicamente tres. Tiene una profundidad de 7 metros y el ancho total de la nave. Además, las esquinas interiores redondeadas de la nave resaltan aún más el altar, que se extiende lateralmente por debajo de esas formas convexas de los extremos. Desde su lateral izquierdo (mirando hacia el altar) se accede a la planta inferior, así como a las dependencias laterales de la planta principal (situadas éstas a una cota de +0,18m sobre la cota de la nave central).

En posteriores proyectos religiosos de Álvaro Siza, como la iglesia situada en Rennes y la capilla de Santo Ovidio, el altar presenta incluso menor altura con respecto al resto de la nave (apenas un escalón), mientras que en el caso de la Capela do Monte y la capilla situada en Saya Park se sitúa directamente en el mismo plano que el resto de la nave.

El baptisterio se aloja en uno de los dos cuerpos que se adelantan a la fachada principal (el norte, situado a la izquierda del acceso). Tiene unas dimensiones de 4x6 metros y la altura total del edificio, y se accede a él desde la nave central, a la izquierda de la puerta principal de la iglesia, tras bajar un pequeño escalón que conduce a la cota -0,18m.

Esta torre que aloja el baptisterio se ilumina gracias a la luz procedente de las dos ventanas con las que cuenta: una orientada al sureste y situada en la parte alta, y otra en la base, con la misma orientación, recibiendo luz principalmente durante la mañana, franja en la que tienen lugar generalmente los bautizos.

En el volumen correspondiente a la otra torre, situada a la derecha de la fachada, se ubican las escaleras que dan acceso al órgano y al campanario, al tiempo que hace las funciones de vestíbulo de la entrada lateral de la iglesia, que es la que se utiliza habitualmente quedando la puerta central reservada para ocasiones especiales (bautizos, bodas, funerales y festividades). Esta entrada lateral está formada por una puerta con un fijo de vidrio, enfrentado con la ventana baja del baptisterio, y da acceso a este vestíbulo de techo bajo, en contraposición con la altura del techo en la nave principal o en la otra torre. Desde él, además de acceder al órgano y el campanario a través de las escaleras, se accede a la nave principal bajo la zona destinada al coro, ubicada en la esquina derecha de la puerta principal.

En el lateral izquierdo del edificio, junto al muro norte se encuentra un volumen anexo también rectangular de 25x5 metros y 6 metros de altura exterior, que recoge la ampliación lateral del altar, la sacristía, los confesionarios y el registro, además de una escalera y un ascensor que permiten conectar todos estos espacios con la capilla funeraria situada en la planta de sótano.

Los 392 asientos individuales se distribuyen simétricamente a ambos lados de un pasillo central de 3 metros de ancho, dejando una separación con las paredes laterales de 2 metros de ancho.

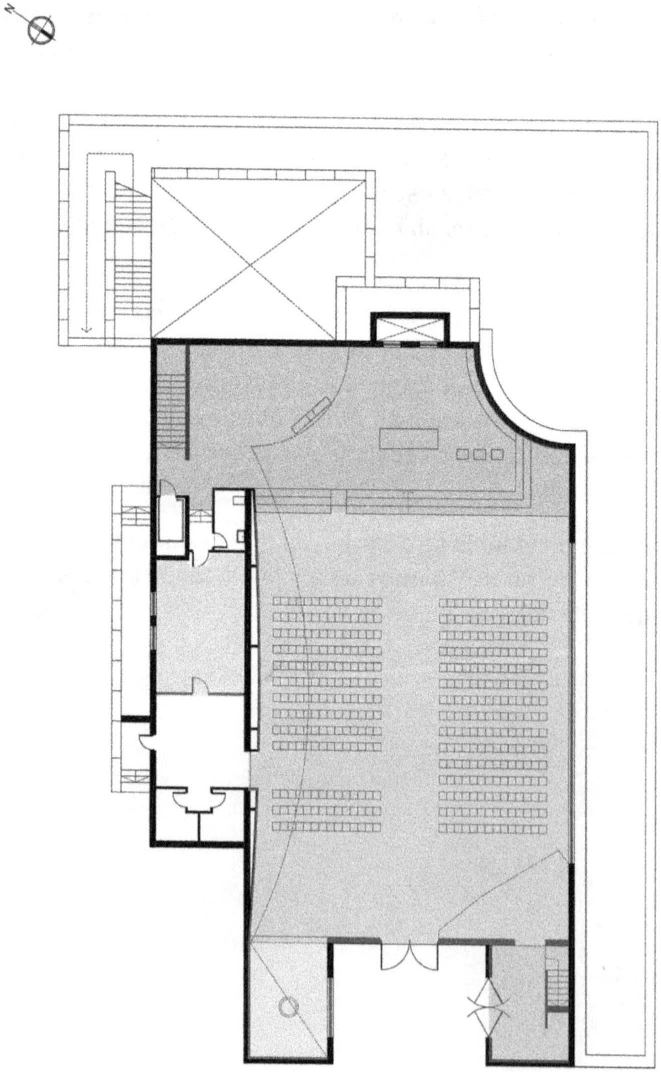

PLANTA MOBILIARIO

Proporción

Los tres cuerpos que componen la fachada principal presentan continuidad en el interior, que se compone de una única nave pero traslada a la fachada posterior una composición tripartita.

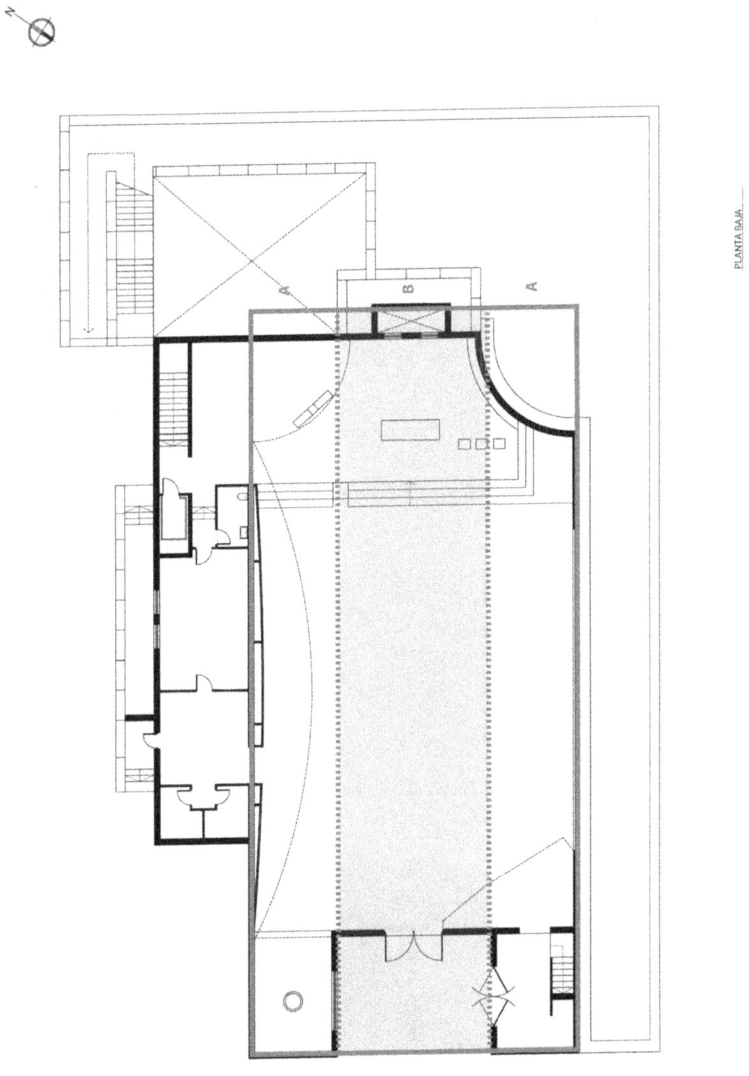

Pese a la aparente aleatoriedad de formas, existen numerosas relaciones dimensionales que parecen evidenciar que se trata de algo premeditado.

Además de la mencionada nave principal coincidente en anchura y altura, la longitud total de la iglesia resulta el abatimiento de la diagonal del ancho total. Por tanto, esta longitud es una vez y media el mencionado ancho.

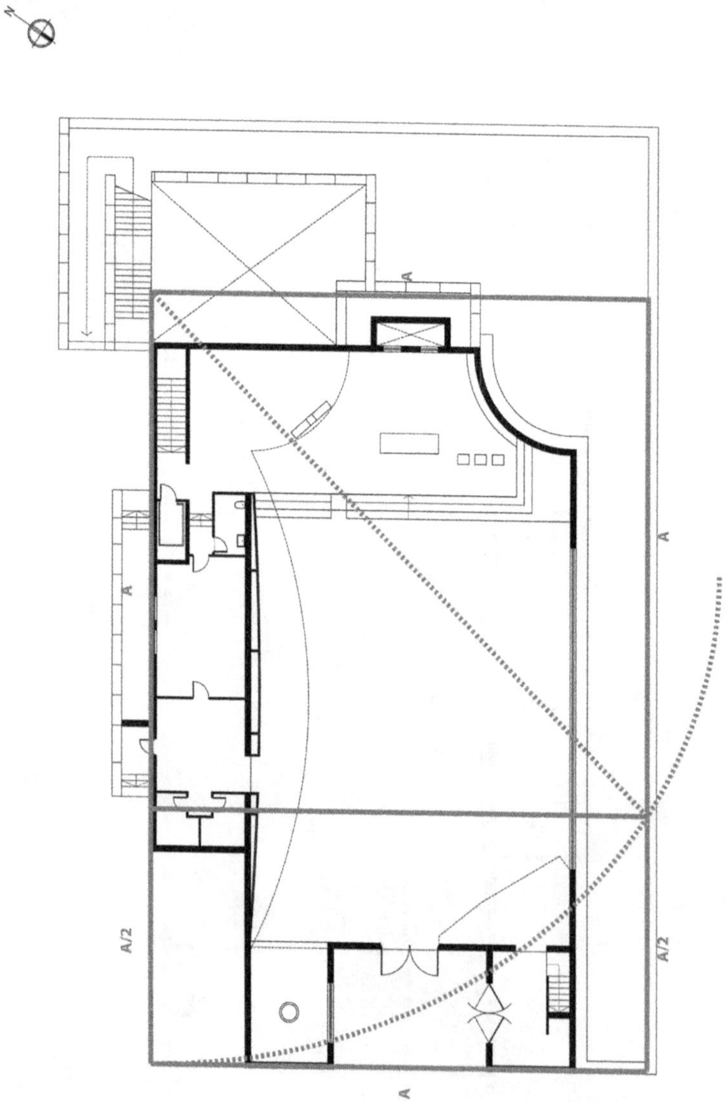

PLANTA BAJA

Igualmente, si tomamos el ancho indicado, su dimensión coincide exactamente con una vez y media la longitud total tomada desde la puerta principal de la iglesia (excluyendo los volúmenes salientes de baptisterio y campanario) hasta el patio que da acceso a la capilla mortuoria.

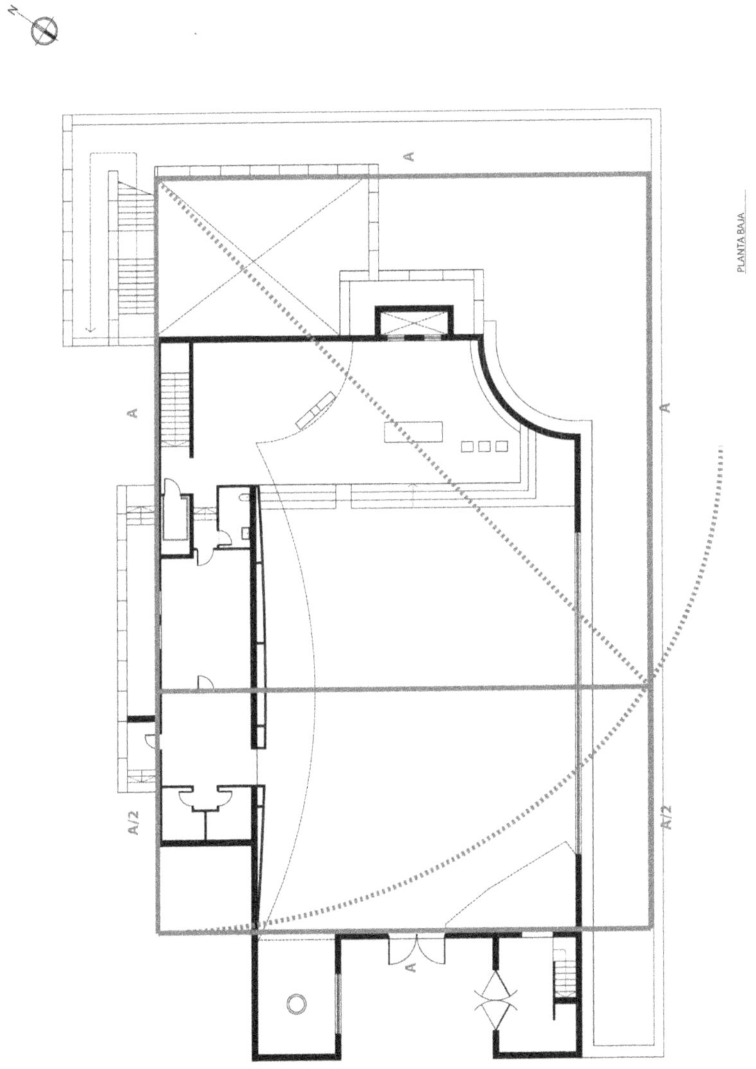

De ello se desprende por tanto que el hueco de este patio coincide en longitud con los volúmenes salientes de la fachada principal correspondientes al baptisterio y el campanario.

Estos volúmenes de las torres que flanquean la puerta principal resultan a su vez el elemento unitario de modulación del edificio, ya que la longitud total se corresponde con seis veces la de dichos volúmenes; dicho de otro modo, la longitud de la nave principal es exactamente cinco veces mayor que la de las torres de baptisterio y campanario.

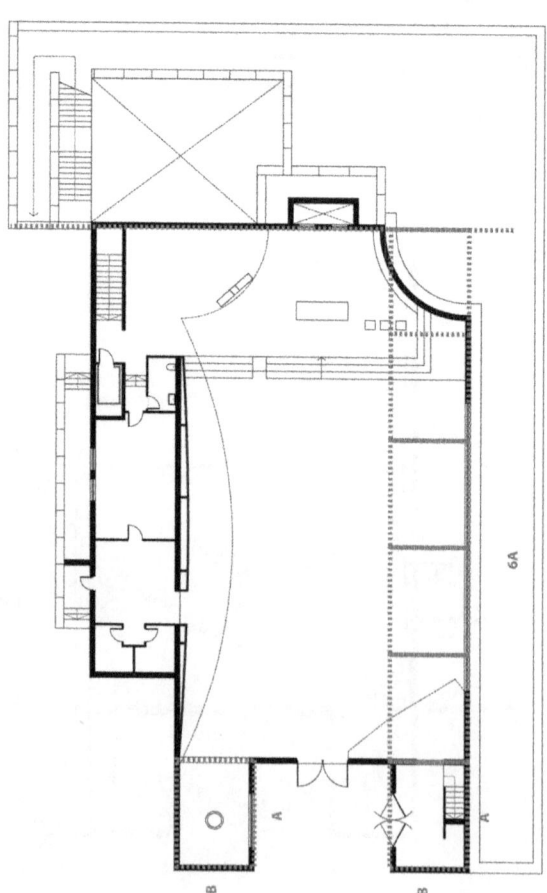

Por su parte, el volumen anexo que alberga la sacristía mide la mitad de la longitud total del edificio. Además, la profundidad del altar constituye 1/4 de la longitud total del edificio.

Igualmente, el ancho de cada uno de los dos volúmenes salientes en la fachada principal corresponde con 1/4 del ancho interior total, por lo que el espacio retranqueado donde se ubica la puerta principal representa 1/2 de la anchura total de la nave principal. El volumen anexo de la fachada norte, por su parte, presenta una altura muy inferior pero coincide en anchura con el cuerpo del baptisterio, siendo por tanto también 1/4 del ancho total de la nave principal.

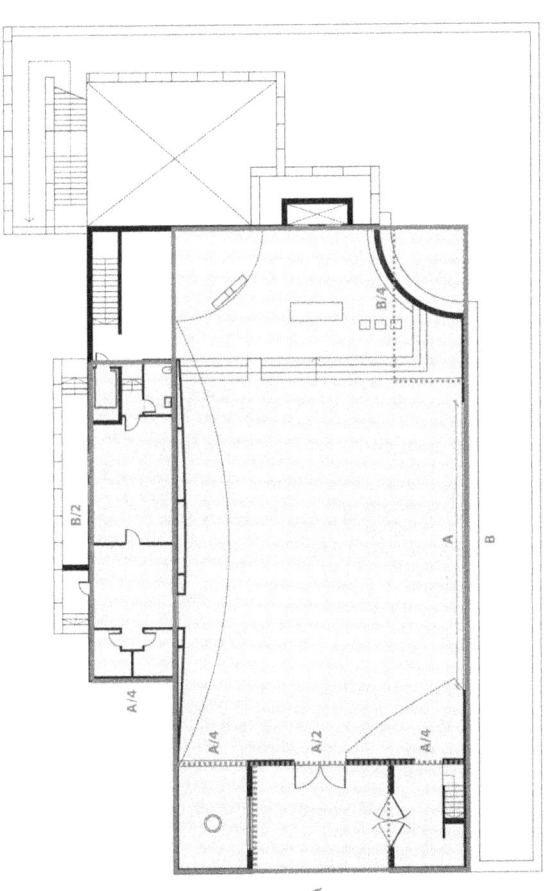

Del mismo modo que en su obra el resultado parece fácil y evidente cuando en realidad se trata de algo muy complejo, todas estas aparentes coincidencias de proporción son la consecuencia de un ajuste exhaustivo y detallado de las proporciones y las dimensiones físicas hasta terminar encajando un resultado que responde de forma premeditada a la percepción que se pretende:

> *Yo lo que suelo hacer no es tanto unas relaciones matemáticas, pero sí un trazado regulador a posteriori, para corregir las pequeñas variaciones. Por ejemplo muchas veces uso el rectángulo áureo, es una de las maneras de ordenar. Y por ejemplo, las medidas que son tercios, o mitades... si esto son 90 y esto 120, lo ajusto para generar un orden. O lo inscribo en proporciones áureas. Porque eso garantiza que, por la experiencia de siglos, hay un orden de las proporciones muy riguroso que funciona. Pero primero es un concepto y un dibujo de partida, no es 'la sala va a tener tanto por tanto'. Se corrige y se le da rigor después. Son trazados reguladores, no para la concepción del edificio sino para ajustarlo.*[8]

Función

La iglesia presenta una distribución por usos claramente diferenciados, lo cual permite la circulación de los diferentes agentes de la liturgia sin interrupciones entre ellos.

Los coristas acceden al espacio destinado a ellos directamente por la puerta del volumen del campanario, donde se encuentra la escalera que les permite acceder al coro sin atravesar la nave principal, o bien por la puerta del volumen lateral anexo, accediendo a la nave principal por una discreta posición lateral algo retrasada que permite acceder al coro sin interferir con la asamblea.

---

[8] Ver Anexos. Entrevista realizada por el autor a Álvaro Siza en su estudio de Oporto en Enero de 2020.

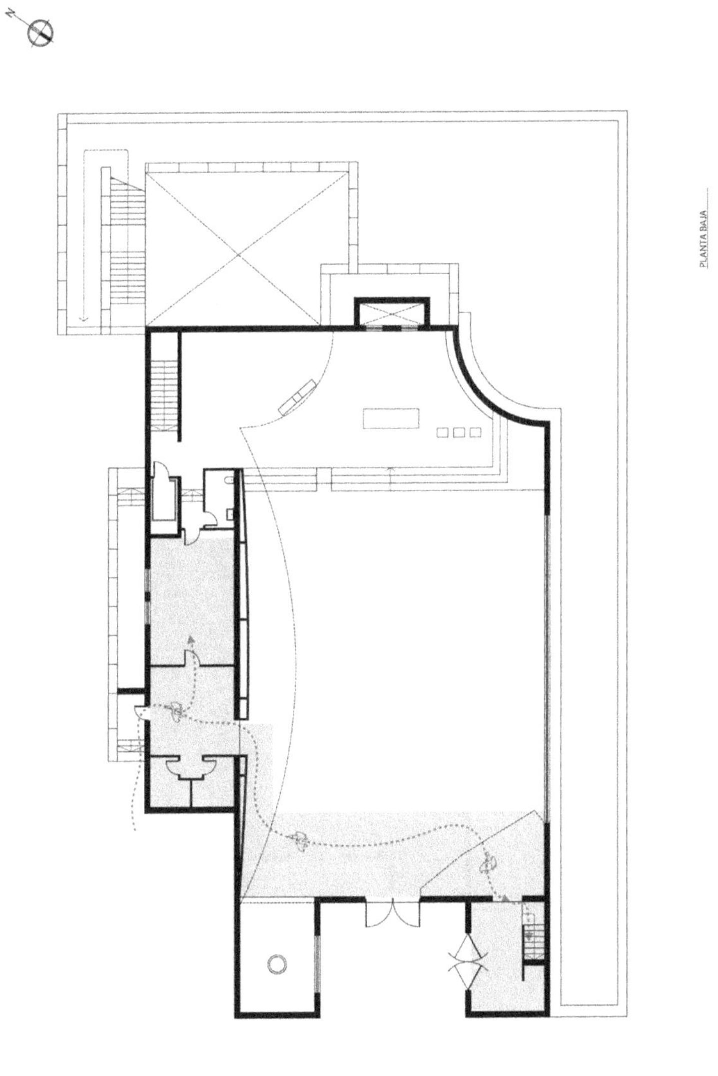

PLANTA BAJA

Los feligreses, por su parte, realizan el acceso habitualmente por la puerta del volumen del campanario, mientras que sólo en ocasiones señaladas se accede a través de la puerta principal. Una vez en el interior, pueden circular libremente a lo largo y ancho de la nave principal hasta sus asientos, o bien acceder al baptisterio situado en la parte más próxima a la entrada.

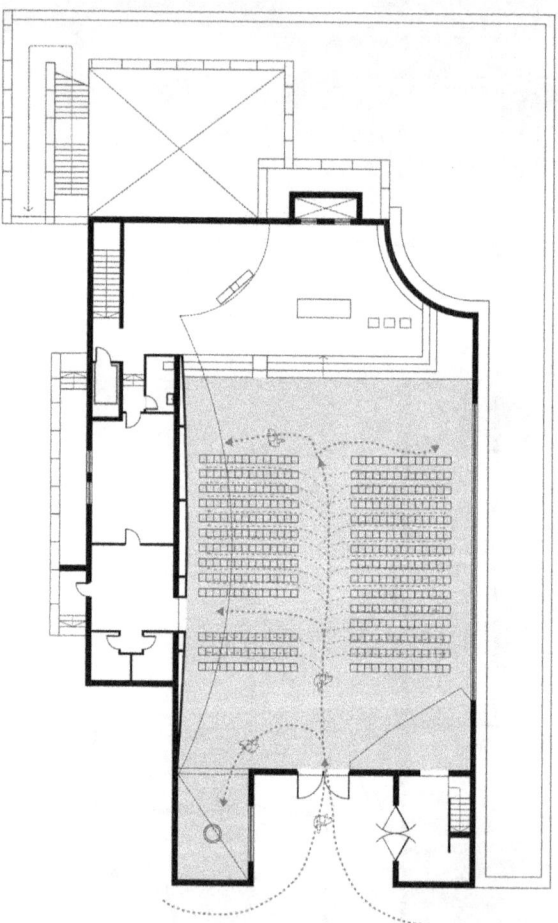

PLANTA MOBILIARIO

El sacerdote realiza su acceso a través del volumen anexo a la fachada norte. De este modo, desde la sacristía puede ocupar directamente su posición en el altar sin necesidad de atravesar el espacio destinado a los feligreses. Desde ahí, el sacerdote puede ocupar su lugar en el altar frente a la asamblea o descender a la planta inferior, donde se ubica la capilla mortuoria.

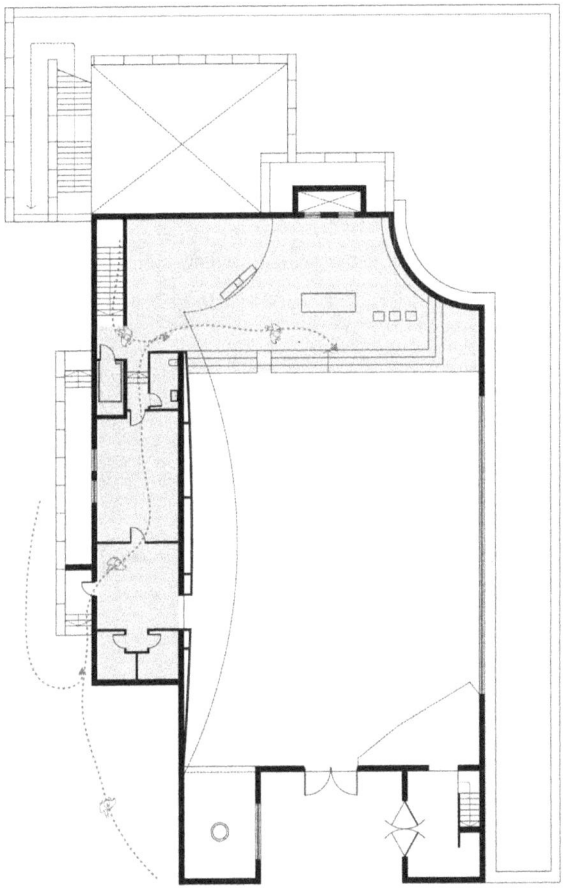

Los asistentes al funeral, sin embargo, no pueden acceder a la capilla mortuoria desde la planta superior, accediendo desde el exterior a través del patio que se sitúa en el nivel inferior del basamento. Álvaro Siza entiende que los funerales son en muchos casos un acto social, y por ello genera este espacio abierto que hace de primer filtro, para que la gente pueda hablar de forma más distendida mientras los más cercanos quedan en un espacio interior más íntimo.

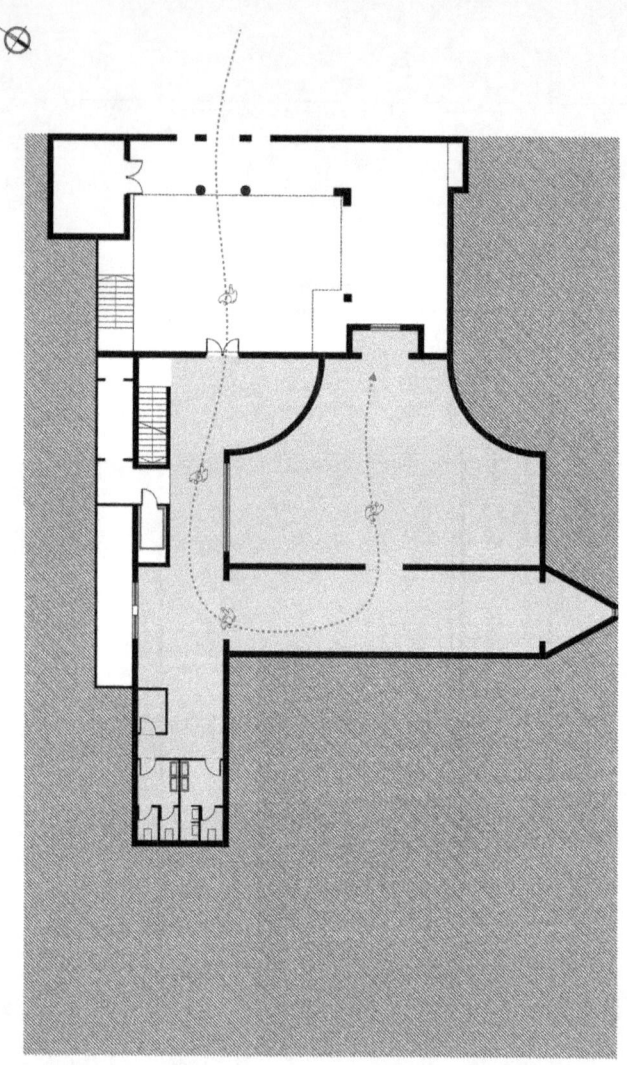

Materialidad

Siza preserva en sus obras el rigor en la elección de los materiales, de manera que tanto la arquitectura global como los pequeños detalles son resueltos con minuciosidad y precisión artesana.

En el caso de la iglesia, de humilde presupuesto, los materiales son algunos de los más frecuentemente empleados por Siza:

- Los muros exteriores ejecutados en hormigón armado y posteriormente encalados;
- Los muros interiores y techo están recubiertos con estuco también en acabado blanco;
- Grandes paneles de vidrio que quieren simbolizar la transparencia de la iglesia y romper con la sensación de enclaustramiento.
- A lo largo de algunas paredes interiores, como en el caso del baptisterio, se utilizó un revestimiento de azulejo blanco de formato pequeño y cuadrado.[9]
- Finalmente, el rodapié varía según las zonas, tanto en materialidad como en altura.

---

[9] N. del A.: Estas piezas cerámicas, propias de la tradición portuguesa, fueron encargadas y realizadas de manera artesanal por la empresa Viúva Lamego, situada en Sintra y fundada en 1849, y que también fue la responsable de fabricar, entre otros, los azulejos que cubren la pared del Pabellón de Portugal realizado para la Expo '98 de Lisboa.

Encuentro de los distintos materiales. Imagen del autor

En la pared oeste, donde se sitúa la puerta principal,, encontramos un zócalo de mármol de 1 metro de altura que se introduce en el baptisterio y la zona del hall de acceso de la otra torre. Sin embargo, en la pared sur donde se ubica la ventana alargada el zócalo es de madera en su parte inferior, mientras que los azulejos cerámicos típicos de la arquitectura portuguesa (que también cubren las paredes interiores del baptisterio) se sitúan sobre la madera hasta alcanzar el alféizar de la ventana e incluso rodearla parcialmente por ambos lados. Cuando la madera del zócalo se encuentra con los peldaños del altar se difumina en ellos, y sobre el altar encontramos un zócalo de mármol de altura igual a la de una hilera de los azulejos empleados.

Detalle del rodapié en el altar. Imagen: Juan Rodríguez

La creencia de Siza en espacios bien iluminados, repletos de luz natural que tornan todo visible –creencia ilustrada en particular en la Iglesia de Sta. Maria, está basada en los principios de la cultura europea del siglo XX (aunque no en los muros cortina de inicios de los años 20). Así, el hormigón con revoco y pintado de blanco y las maderas claras –que reflejan entre el 40 y el 60% de la luz (en el suelo, en los bancos y en la propia cruz) potencian los efectos de la luz natural, que entra profusamente por las diversas aperturas.[10]

---

[10] Ferreira Marques de Paiva, R., (2010) *Luz e Sombra. A estética da luz nas Igrejas de Sta. Maria e da Luz, de Siza e Ando*. Tesis doctoral. Lisboa, Universidade Nova de Lisboa, p. 82. (Traducido del texto original: '*A crença de Siza em espaços bem iluminados, repletos de luz natural que tornam tudo visível –crença ilustrada nomeadamente na Igreja de Sta. Maria-, está alicerçada nos princípios da cultura europeia do século XX (embora já não nas paredes cortina do início dos anos 20). Assim, o betão revocado e pintado de branco e as madeiras claras – que reflectem entre 40 a 60% da luz reflectida (no chão, bancos e na própria cruz), potenciam os efeitos da luz natural, que entra profusamente pelas diversas aberturas.*')

Por último, en la curvada pared norte, el zócalo de madera arranca también desde los peldaños del altar hasta verse interrumpido en el acceso al volumen anexo, a partir del cual el zócalo se convierte en mármol hasta llegar a introducirse en el baptisterio.

> *Era necesario colocar un rodapié resistente, que obviase los problemas de mantenimiento y limpieza. En el primer momento, yo había pensado en un revestimiento de madera, pero esta elección me pareció en seguida inconveniente, por anular la verticalidad de la pared y, sobre todo, porque la reflexión de la luz habría resultado inadecuada. Pensé entonces en el azulejo que, producido artesanalmente, conserva una superficie levemente irregular, lo que permite unos reflejos particulares. (...) En una primera fase, el azulejo se extendía en torno a toda la iglesia; después, bien por la necesidad de la pared curva de llegar hasta el suelo, bien por la problemática solución de su contacto con las puertas, su uso resultó más limitado.*[11]

Detalle rodapié en la pared norte. Imagen: Juan Rodríguez

---

[11] Siza, Á., (2003) *Imaginar la evidencia*. Madrid, Abada Editores, p. 59.

Los pavimentos son de madera, granito y mármol, continuando con la idea de emplear materiales sencillos y preferiblemente típicos de la zona, y más allá del resultado estético tienen una justificación puramente funcional:

> *Responde en parte a la organización del espacio. Proporciones entre partes que tienen diferentes usos. En la entrada hay mármol para proteger la madera de la gente que viene con los pies con polvo y demás, para progresivamente llegar al material más delicado, que es la madera. Y por ejemplo en las paredes también, hay un rodapié diseñado especialmente para cada zona, por protección y también porque ayuda a la lectura del espacio, de los elementos y las proporciones. Y en el baptisterio hay mármol porque hay agua. Y las paredes son de azulejo para conseguir que la luz rebote y para trabajar esas figuras que dibujé después. Se puede hacer ese dibujo en el revoco, pero después hay que pintar y es mejor hacerlo en un material que permita mantener ese dibujo, y que además tiene relación con la luz.[12]*

La cubierta, por último, está construida con láminas de zinc, para lo cual se utilizaron técnicas de construcción locales –al igual que en todo el edificio- con el propósito de reducir costes.

Fotografía de la cubierta. Imagen: Fernando Guerra

---

[12] Ver Anexos. Entrevista realizada por el autor a Álvaro Siza en su estudio de Oporto en Enero de 2020.

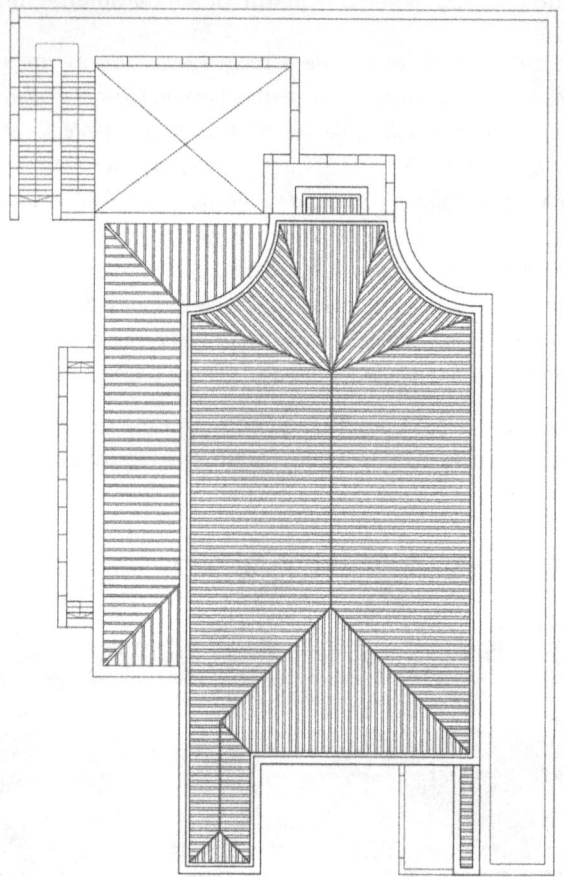

Planta de cubiertas

Mobiliario

Álvaro Siza diseña los asientos de madera de los feligreses –individuales, no bancos continuos-, y la cruz que se ubica en el altar, única muestra de escultura en el edificio.

Las 392 sillas son de abedul macizo, excepto el asiento que es de tablero contrachapado también de abedul. Hay 28 sillas por fila, 14 a cada lado del pasillo central que conduce al altar de mármol macizo. En la parte derecha del acceso hay 15 filas de sillas, mientras que en la parte izquierda se suprimen dos filas para generar un pasillo que conecta este pasillo central con el volumen anexo a la nave central de la iglesia.

Las sillas de la nave tuvieron incontables versiones dibujadas y numerosas ejecutadas a modo de maqueta, antes de dar con la versión definitiva.[13]

Detalle de las sillas. Imagen del autor

Lo mismo ocurrió con los tres asientos situados en el altar, de los que hay cientos de dibujos y que también están presentes de forma muy similar en la iglesia situada en Rennes.

---

[13] N. del A.: Las sillas fueron realizadas por los carpinteros de Oporto Serafim Pereira Simões Sucessores, y su diseño sería empleado por Siza posteriormente de forma muy similar para el mobiliario destinado a la iglesia de Saint-Jacques de La Lande.

Bocetos del mobiliario del altar.
Imagen: Archivo Álvaro Siza

Bocetos del mobiliario del altar.
Imagen: Archivo Álvaro Siza

Detalle mobiliario del altar. Imagen: Juan Rodríguez

La luz como elemento físico. Tipología de la luz

Para entender la direccionalidad con que la luz natural penetra en la iglesia, resulta fundamental entender la forma en que ésta se desplaza a lo largo del día y del año dependiendo de la posición del Sol con respecto al edificio y, por otro lado, las distintas fuentes de luz que encontramos en la iglesia y que permiten el paso de dicha luz al espacio interior de la misma.[14]

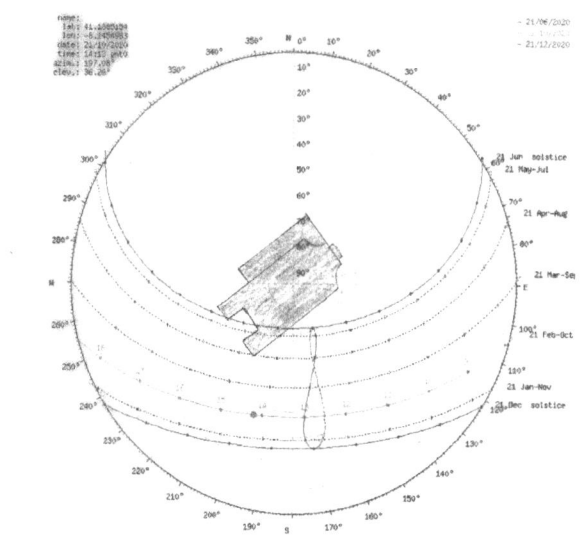

Carta solar de la iglesia.

La duración del día en Marco de Canaveçes varía considerablemente durante el año. El día más corto[15], el 21 de diciembre, contó con 9 horas y 12 minutos de luz natural; siendo el día más largo el 21 de junio, con 15 horas y 9 minutos de luz natural.

---

[14] N. del A.: Todos los datos relacionados con la posición del sol (salida del sol y puesta del sol) se han extraído del sitio web oficial de Weather Spark, que utiliza para sus cálculos fórmulas astronómicas del libro Meeus, J., (1999) *Astronomical Algorithms, 2ª edición* (revisada de la 1ª edición de 1991). Richmond, Willmann-Bell.

[15] N. del A.: Para llevar a cabo los cálculos se han tomado los datos solares del año 2019, momento de realizar la investigación. La muestra se considera suficientemente significativa y la variación de los datos despreciable pese a la existencia de pequeñas diferencias respecto a los años anteriores y posteriores.

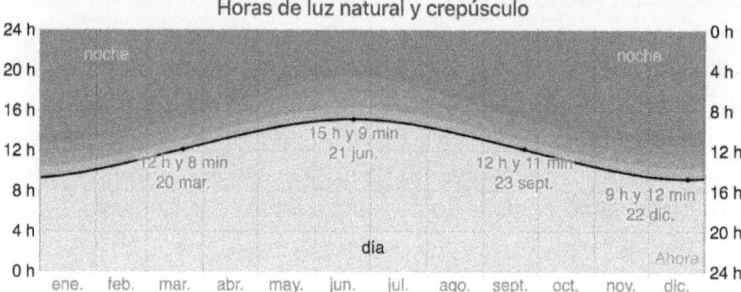

La cantidad de horas durante las cuales el sol está visible (línea negra). De abajo (más amarillo) hacia arriba (más gris), las bandas de color indican: luz natural total, crepúsculo (civil, náutico y astronómico) y noche total.

La salida del sol más temprana se produjo a las 5:59 el 15 de junio, y la salida del sol más tardía se produjo a las 7:58 del 5 de enero. La puesta del sol más temprana tuvo lugar a las 17:03 del 9 de diciembre, mientras que la puesta del sol más tardía ocurrió a las 21:09 del 27 de junio.

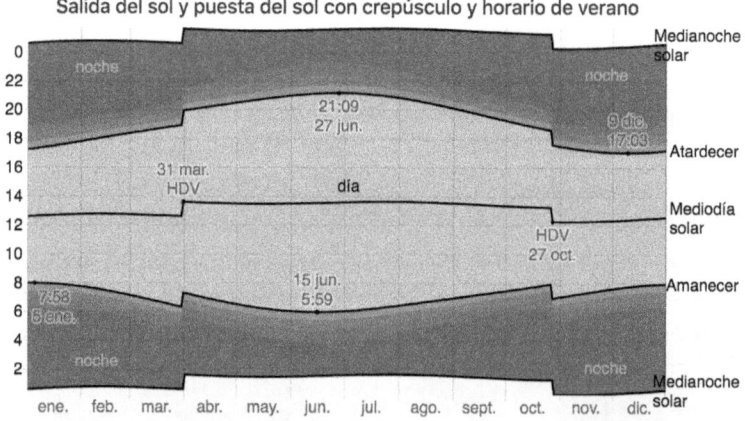

El día solar durante el año 2019. De abajo hacia arriba, las líneas negras son la medianoche solar anterior, la salida del sol, el mediodía solar, la puesta del sol y la siguiente medianoche solar. El día, los crepúsculos (civil, náutico y astronómico) y la noche se indican por el color de las bandas, de amarillo a gris. Las transiciones hacia y del horario de verano se indican con la sigla HDV.

Equinoccio de primavera

El jueves 21 de marzo de 2019 el sol salió a las 6:34 y se metió 12 horas y 11 minutos después, a las 18:45. El medio día solar fue a las 12:40.

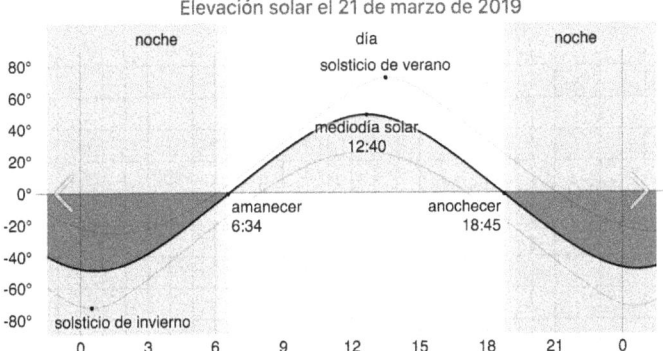

Elevación del centro del sol arriba (positivo) o abajo (negativo) del horizonte (línea negra). Las áreas sombreadas en amarillo y gris indican el día y la noche, respectivamente. Las líneas gris claro son las curvas correspondientes al solsticio de invierno y de verano Las áreas sombreadas superpuestas indican el crepúsculo civil y la noche.

Solsticio de verano

El viernes 21 de junio de 2019 el sol salió a las 5:59 y se metió a las 21:08. El medio día solar fue a las 13:34.

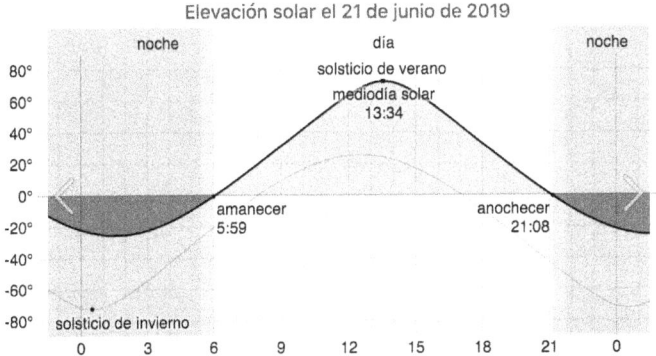

Elevación del centro del sol arriba (positivo) o abajo (negativo) del horizonte (línea negra). Las áreas sombreadas en amarillo y gris indican el día y la noche, respectivamente. Las líneas gris claro son las curvas correspondientes al solsticio de invierno y de verano Las áreas sombreadas superpuestas indican el crepúsculo civil y la noche.

Equinoccio de otoño

El sábado 21 de septiembre de 2019 el sol salió a las 7:18 y se metió a las 19:32. El medio día solar tuvo lugar a las 13:25.

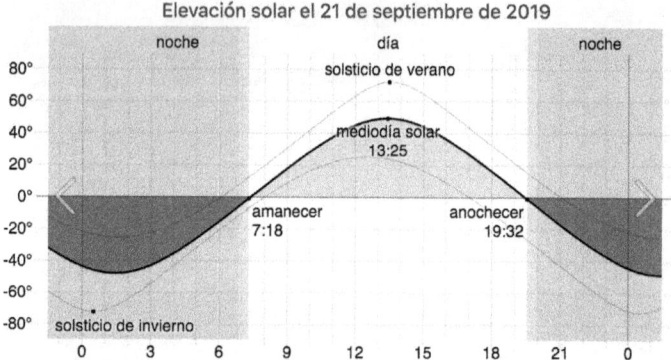

Elevación del centro del sol arriba (positivo) o abajo (negativo) del horizonte (línea negra). Las áreas sombreadas en amarillo y gris indican el día y la noche, respectivamente. Las líneas gris claro son las curvas correspondientes al solsticio de invierno y de verano Las áreas sombreadas superpuestas indican el crepúsculo civil y la noche.

Solsticio de invierno

El sábado 21 de diciembre de 2019 el sol salió a las 7:54 y se metió a las 17:06. El medio día solar ocurrió a las 12:30.

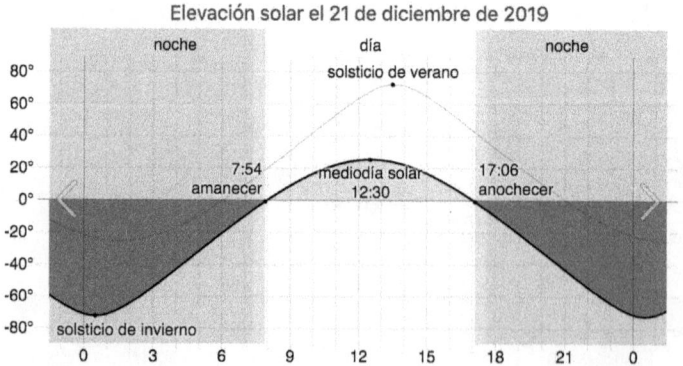

Elevación del centro del sol arriba (positivo) o abajo (negativo) del horizonte (línea negra). Las áreas sombreadas en amarillo y gris indican el día y la noche, respectivamente. Las líneas gris claro son las curvas correspondientes al solsticio de invierno y de verano Las áreas sombreadas superpuestas indican el crepúsculo civil y la noche.

Las distintas fuentes de luz distribuidas en las cuatro orientaciones y a diferentes alturas generan una atmósfera de claridad en el interior de la iglesia a cualquier hora del día durante el verano.

En invierno, la luz natural es suficiente hasta las 16 horas, cuando la iluminación interior empieza a depender en buena parte de la luz artificial.

Atendiendo a la posición y recorridos solares en las diferentes épocas del año, y a la disposición y dimensiones de las fuentes, la luz llega al interior de la iglesia del siguiente modo:

- Durante el solsticio de verano, los rayos solares inciden sobre la fachada sureste con una inclinación de 43° a las 8 horas, inundando el espacio desde primera hora hasta mediada la tarde. A las 18 horas, los rayos inciden sobre la fachada noroeste con una inclinación de 54°, manteniendo del mismo modo la atmósfera uniformemente iluminada en el interior.

- Durante el solsticio de invierno la cantidad de luz y el número de horas de incidencia se ven notablemente reducidos. Este hecho, sin embargo, no altera la uniformidad de la iluminación conseguida por la distribución de las fuentes en el espacio. [16]

La luz artificial necesaria por razones funcionales se plantea como un apoyo que pasa desapercibido y preserva la luz uniforme que se pretende en el espacio interior de la iglesia.

---

[16] N. del A.: Estos datos se han extraído de análisis propios apoyados en el estudio realizado por Pereira Carvalho, R., (2007) en *Luz do dia em arquitectura. Estudo sobre a igreja de Santa Maria e a casa Bessa-Pérez*. Porto, FAUP Publicaçoes.

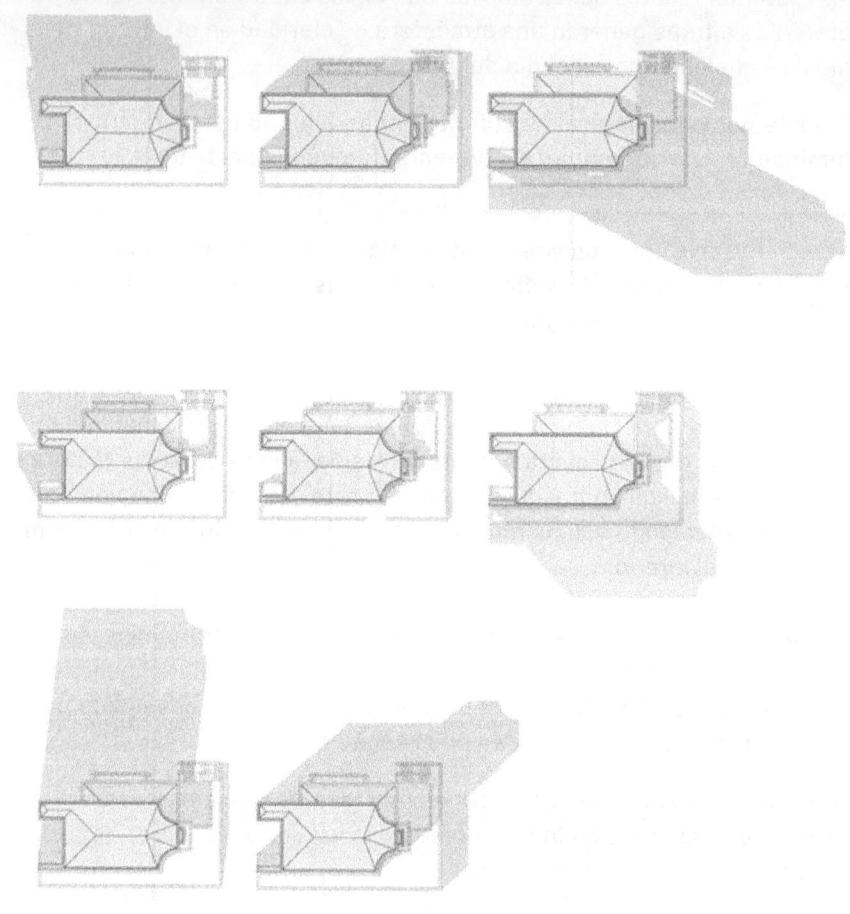

FILA SUPERIOR – EQUINOCCIOS A LAS 9H, 12H Y 16H; FILA INTERMEDIA: SOLSTICIO DE VERANO A LAS 9H, 12H Y 16H; FILA INFERIOR: SOLSTICIO DE INVIERNO A LAS 9H Y 12H

Descripción de las Fuentes de luz

La iluminación natural de la iglesia depende de los siguientes elementos arquitectónicos, a los que nos hemos venido refiriendo como fuentes de luz, y que se clasifican de la siguiente forma en relación a la luz que de ellos se origina:

- **La puerta principal** (F01) está formada por dos hojas de 10 metros de alto por 1'5 metros de ancho cada una. Se compone de un bastidor y 15 travesaños, dando lugar a 14 plafones materializados mediante tablas machihembradas. Está realizada en madera de castaño al natural por la cara interior, mientras que la cara exterior está forrada con una plancha de acero pintado y tiene un acabado final realizado en titanio, para conferirle un aspecto más austero y proteger la madera de la intemperie.

Los herrajes los forman cuatro pernios especiales y el cierre se trata de una falleba que se fija al larguero mediante seis puntos.

Aspecto exterior de la fuente. Imagen del autor

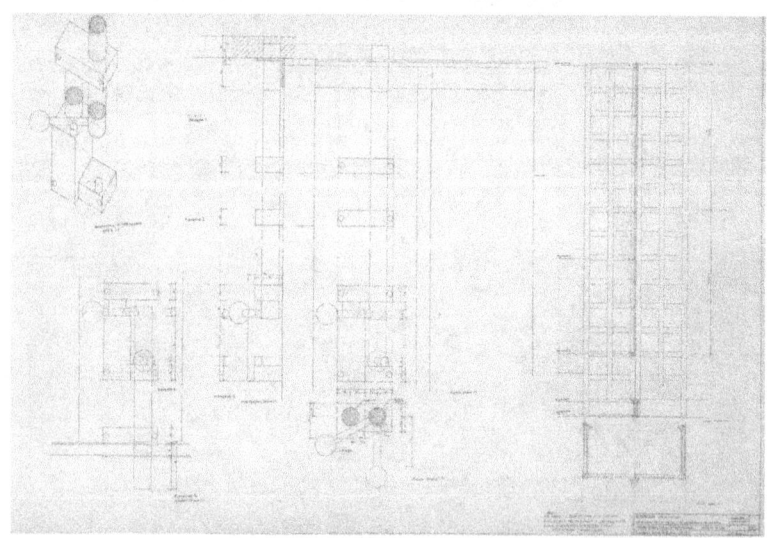

Aspecto interior de la fuente. Imagen del autor

Planos de detalle de la puerta. Imagen: Archivo Álvaro Siza

- **La ventana horizontal** (F02), situada en la pared lateral sureste, tiene una longitud de 16 metros, muy similar a la altura y el ancho total de la nave principal. Además, cuenta con una altura de 50 centímetros, situándose a 130 centímetros sobre el nivel del pavimento de la nave principal.

Aspecto exterior de la fuente. Imagen del autor

Aspecto interior de la fuente. Imagen del autor

- **La ventana situada en la base de la torre izquierda** (F03), que conecta la pila bautismal con el atrio desde el que se accede, tiene 3 metros de ancho por 2,70 metros de altura, coincidiendo con las dimensiones del acceso situado en la base de la otra torre.
- **La ventana situada en la parte superior de la torre izquierda** (F04), orientada igualmente al sureste, tiene por su parte 4,50 metros de ancho y 2 metros de alto, situándose a 15 metros de altura, de forma simétrica con el hueco practicado en la parte alta de la otra torre, donde se ubica el campanario.

Aspecto exterior de la fuente.
Imagen: Joan Maravilla

Aspecto interior de la fuente.
Imagen: Joan Maravilla

- **Las ventanas del ábside** (F05), forman parte de un mecanismo lumínico que introduce luz a través de una chimenea tanto a la nave principal como a la planta inferior, junto con la ventana que se ve en la fachada posterior de la iglesia. Los huecos del ábside tienen 90 centímetros de ancho por 3,60 metros de altura, mientras que el hueco exterior mide 1,80x2,70 metros, situado a 12 metros de altura.

Aspecto exterior de la fuente.
Imagen del autor

Aspecto interior de la fuente.
Imagen del autor

- **Las ventanas altas de la pared curvada** (F06), situadas junto al techo en la pared del lateral noroeste, son un único hueco desde el exterior, con unas dimensiones de 20 metros de ancho por 5 metros de alto, situado a 13,50 metros de altura. Desde el interior, esta fuente se compone de tres huecos de 3,50 metros de ancho separados por la parte superior de esa pared curvada. Por cuestiones de mantenimiento, por el interior del muro se puede acceder a uno de estos huecos que comunica con los otros atravesando el muro mediante un paso que no es perceptible desde la nave principal.

Aspecto exterior de la fuente. Imagen del autor

Aspecto interior de la fuente. Imagen del autor

- **La pequeña ventana situada en la planta inferior** (F07) que introduce luz en la zona de espera previa a la capilla mortuoria, es un fondo de perspectiva de 40 centímetros de ancho y 4,50 metros de altura, situada a 50 centímetros del suelo. Este hueco se integra desde el exterior como una rasgadura en la pieza del basamento pétreo, a diferencia de todos los otros que se sitúan en la pieza blanca superior.

Aspecto exterior de la fuente. Imagen del autor *Aspecto interior de la fuente. Imagen del autor*

Tipología de la Luz

Fuente 01: La puerta principal

La puerta se sitúa en la fachada principal, con una orientación suroeste. Además, se sitúa frente al gran atrio que articula el complejo parroquial, por lo que está libre de obstáculos para que la luz incida en ella más allá de la torre derecha (campanario) que arroja sombra en las primeras horas del día. Por eso, aunque esta puerta no se abre todos los días, cuando lo hace da paso al interior a una luz directa bien definida, de materialidad sólida, que se cuela en diagonal en el interior con el día ya avanzado. En épocas próximas al solsticio de invierno, cuando el sol se empieza a poner un rayo de luz atraviesa el umbral de la puerta con una inclinación de entre 23° y 30° que avanza entre los dos bloques de sillas y se aproxima casi hasta el altar, conjugándose con el pavimento pétreo pero posándose también sobre la madera que pavimenta la parte más próxima al ábside.

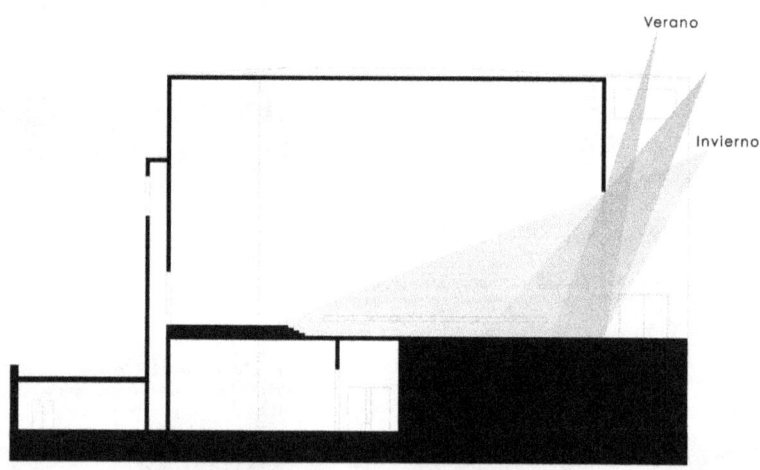

Tipología de la luz asociada a la fuente

Fuente 02: La ventana horizontal

Este hueco es el único que se sitúa en la fachada sur (los huecos de la torre del baptisterio también están orientados a sur, pero no se observan en el alzado al estar ocultos tras la torre del campanario), por lo que es el que más horas de luz directa recibe a lo largo del día. Al situarse en un punto bastante bajo, la luz incide de manera directa y diagonal. Sin embargo, como consecuencia de la reducida altura del hueco, en determinadas épocas del año próximas al solsticio de invierno la luz se cuela al interior con una inclinación mínima en las primeras horas del día, penetrando casi como si fuera horizontal y llegando hasta la parte central de la nave.

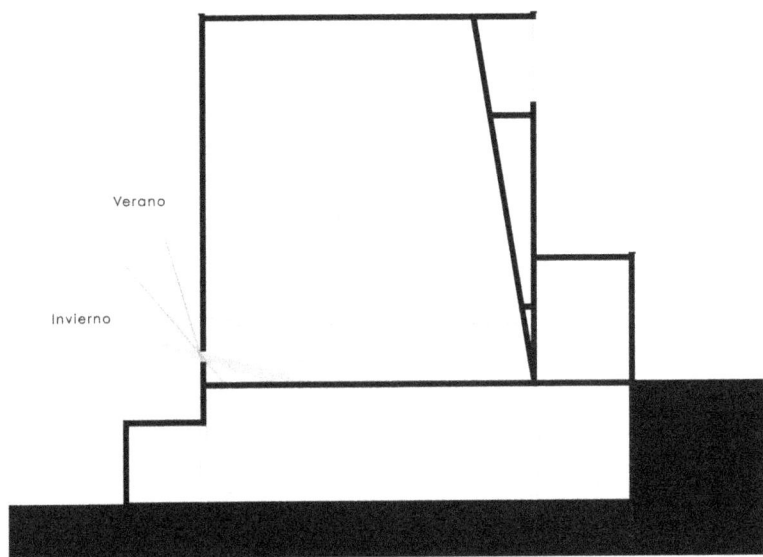

Tipología de la luz asociada a la fuente

Fuentes 03 y 04: Las ventanas situadas en la parte inferior y superior del baptisterio

Aunque ambos están orientados a sur, este hueco (F03) se sitúa en la base de la torre izquierda donde se ubica el baptisterio, enfrentada con la otra torre del campanario y recibiendo la luz directa cuando el Sol avanza hacia el oeste a mediados de la tarde, filtrándose en diagonal al interior. En épocas próximas al solsticio de verano, con el Sol más alto, el hueco recibe luz durante mayor número de horas, si bien hacia mediodía lo hace casi vertical y de forma directa.

Pese a su orientación igual al hueco inferior, su posición en la parte alta de la torre permite al hueco superior (F04) recibir luz durante la mayor parte del día. En las horas más tempranas, especialmente en épocas próximas al solsticio de invierno, la nave principal le hace sombra, pero a medida que el Sol se eleva se introduce en el hueco y ya no deja de incidir hasta que se pone casi por completo. La luz penetra de manera directa y diagonal, si bien debido a su posición elevada la luz llega al usuario como si lo hiciera en vertical, conducida por la altura de la torre.

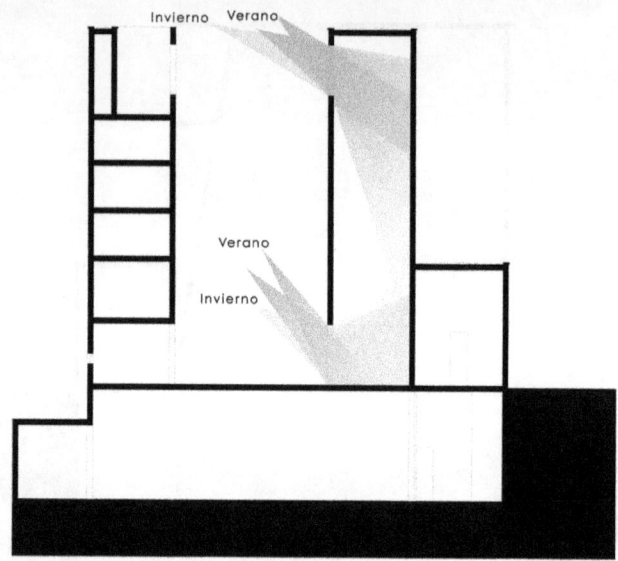

Tipología de la luz asociada a la fuente

Fuente 05: Las ventanas del ábside

Este hueco se sitúa en la fachada este, por lo que recibe la luz de manera más directa en las primeras horas del día. En las épocas próximas al solsticio de verano, la luz incide en la ventana exterior con un ángulo próximo a los 30°, mientras que en épocas próximas al solsticio de invierno la inclinación oscila en torno a los 5° y los 10°. De este modo, en su descenso por la chimenea de luz hasta llegar a percibirse en el interior, la luz se desvanece, especialmente en invierno. Pese a que la luz incide de manera diagonal y directa, su paso por este impluvium de luz provoca su transformación hasta llegar al interior convertida en una luz indirecta de marcado carácter vertical.

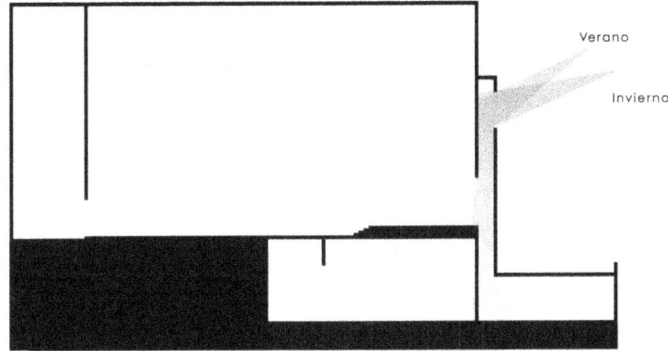

Tipología de la luz asociada a la fuente

Fuente 06: Las ventanas de la pared curvada norte

Pese a situarse en la fachada norte, sus dimensiones y su posición elevada la convierten en la principal fuente de luz natural del edificio, especialmente de la nave central. La orientación hace que la luz que recibe sea indirecta, y únicamente en épocas próximas al solsticio de verano recibe algo de luz directa. La direccionalidad es principalmente diagonal, si bien por su posición elevada y los reflejos no se percibe como tal.

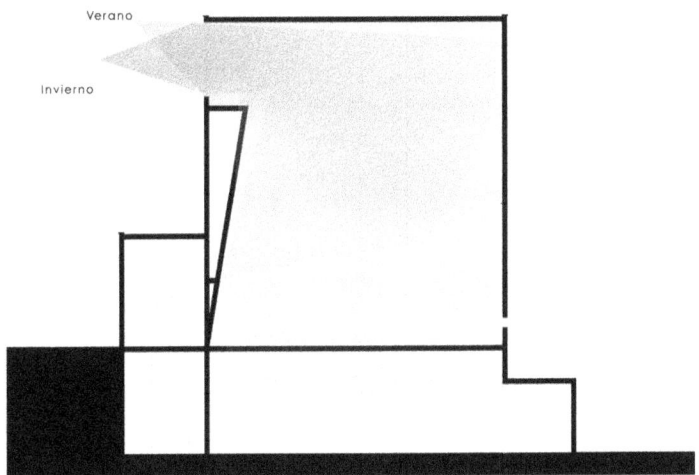

Tipología de la luz asociada a la fuente

Fuente 07: La ventana de la capilla mortuoria

Este hueco se sitúa también en la fachada sur, pero se ha considerado de manera independiente por proporcionar luz natural a la planta inferior y no a la nave principal. En el exterior, se sitúa integrado en el basamento, y su posición baja hace que la luz incida de manera directa y diagonal durante la mayor parte de las horas del día. Sin embargo, al tratarse de un vidrio translúcido, la luz se filtra al interior con un marcado carácter difuso, lo cual contribuye a que en cuanto a la direccionalidad se manifieste como horizontal.

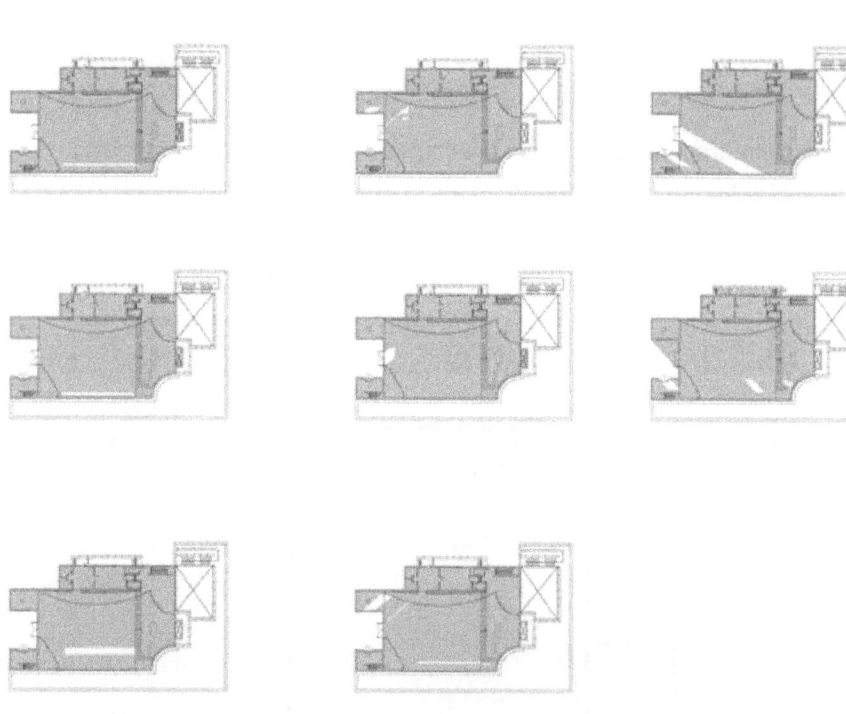

FILA SUPERIOR: ILUMINACIÓN INTERIOR EN LOS EQUINOCCIOS A LAS 9H, A LAS 12H Y A LAS 16H; FILA INTERMEDIA: ILUMINACIÓN INTERIOR EN EL SOLSTICIO DE VERANO A LAS 9H, A LAS 12H Y A LAS 16H; FILA INFERIOR: ILUMINACIÓN INTERIOR EN EL SOLSTICIO DE INVIERNO A LAS 9H Y A LAS 12H.

ANÁLISIS SUBJETIVO: REALIDAD FENOMENOLÓGICA DE LA OBRA

El contexto fenomenológico

Aproximación y cinestesia

Marco de Canaveçes es una villa de complejo entramado urbano, y la construcción de la nueva iglesia parroquial se presenta para Siza como un reto, pero también como una oportunidad de regeneración del lugar. El arquitecto portugués sitúa el edificio sobre el basamento pétreo, ofreciendo hacia la calle del acceso un ábside que, pese al carácter ecléctico, nos remite a la tradicional planta basilical o longitudinal de las iglesias propias de la época tardobarroca.

La manera en que la arquitectura se deposita en el lugar, adoptando una actitud dialogante con el entorno es una de las señas de identidad que acompañan a Siza durante toda su carrera.

En Marco de Canaveçes, la iglesia se sitúa en el lugar haciendo de uno de sus principales condicionantes de proyecto una de sus mayores virtudes. Como explica Siza, *"la construcción de este centro parroquial es también la construcción de un lugar, en sustitución de una fuerte escarpadura."*[17]

Como ocurre en gran parte de las iglesias antiguas de Portugal para ayudar a distanciarse del entorno inmediato, en la iglesia de Santa Maria en Marco de Canaveçes Álvaro Siza hace uso del desnivel del terreno para provocar la elevación del edificio en una meseta de 4 metros de alto, generando un basamento que parece separar visualmente del terreno al volumen principal, brindándole una posición de privilegio y control sobre el entorno.

El resultado no sólo busca integrarse con el entorno de forma respetuosa, sino que lo mejora, tanto a nivel estético como funcional gracias a la articulación de los diferentes niveles.

---

[17] Siza, Á., (2003) *Imaginar la evidencia*. Madrid, Abada Editores, p. 45.

El entorno de la iglesia ni siquiera es bonito. Hay una carretera con mucho tráfico, y en la zona abundan los edificios de pésima calidad. Sin embargo, la suntuosa desnudez del templo, de cuyo interior irradia una luz blanca y envolvente, hace olvidar toda esa contaminación visual.[18]

Uno de los motivos por los que se decide aislar la iglesia del centro parroquial es el económico, puesto que en la primera fase sólo era posible ejecutar la iglesia. A nivel programático, el atrio articula las relaciones entre los distintos edificios que componen el complejo parroquial, mientras que el basamento de la iglesia permite articular el espacio en los dos niveles diferenciados por usos en que se organiza.

El nivel inferior, donde se ubica la capilla, sirve a modo conceptual de cimentación de la iglesia, generando una base estable sobre la que se asienta la misma. La materialidad empleada -muros de granito- y el claustro que se genera sirven para reforzar esa imagen de basamento al tiempo que marcan una relación de distancia con la carretera contigua.

Las modestas puertas grises contrastan con la imponente puerta de acceso a la nave mayor, y conducen en un recorrido en "L" hacia un pasillo cuyo fondo –recayente al sur- se muestra abocinado con una franja vertical de luz a modo de fondo de perspectiva.

El recorrido que conecta el exterior con la capilla funeraria, situada en el piso inferior, es fruto de un pormenorizado estudio de lo que acontece en espacios de estas características.

Cuando visité el cementerio construido por el arquitecto holandés Pieter Oud, pude asistir a la celebración de una ceremonia fúnebre, verificando que la atmósfera y la relación entre las personas son allí decisivamente diferentes de lo que sucede en Portugal. Aquí, la familia y los amigos íntimos se encuentran muy próximos al difunto, mientras el resto de las personas sigue la ceremonia desde cierta distancia, con menos emoción y dolor. Por eso resultaba necesaria una secuencia de espacios con características diferentes.[19]

---

[18] Siza, Á., (2007) en Cruz, V., *Álvaro Siza, Conversaciones con Valdemar Cruz*. Barcelona, Gustavo Gili, p. 103.
[19] Siza, Á., (2003) *Imaginar la evidencia*. Madrid, Abada Editores, p. 53.

Además, de manera premeditada, Siza confiere a esos elementos exteriores que conectan los dos niveles de la iglesia el carácter de espacios de paso al servicio de la ciudad, siendo frecuente el uso de esas escaleras por los estudiantes en su trayecto al colegio, o de los vecinos del barrio.

Esta cesión, mediante la que los elementos que solucionan el desnivel se conciben no sólo para conectar los dos niveles de la iglesia sino también los desniveles de Marco de Canaveçes, hace posible que la iglesia se encuentre en constante diálogo con su entorno urbano en lugar de percibirse como un elemento aislado, consiguiendo erigirse en un componente más del entramado urbano que parece llevar allí mucho más tiempo del que realmente lleva construido.

> *Asombra contemplar el modo magistral en que el desabrido sitio primitivo ha sido transformado hasta tal punto que la dura residencia de ancianos contigua se vuelve, casi, coherente y atractiva, transformada y domesticada sin haberla tocado, como si hubiera sido proyectada también por el propio Siza.*[20]

De la lectura del entorno, el arquitecto portugués entiende que el edificio debe adaptarse a la escala de barrio, en contraposición con la majestuosidad que, a priori, se le presupone a un edificio de carácter religioso. El limitado presupuesto con el que contaba la actuación ayudaba a que el resultado fuera más próximo al 'arte povera' que a un gran edificio cargado de alardes materiales. Sin embargo, Siza emplea diversos trucos compositivos que ayudan a diluir la humildad y sencillez del edificio.

Esta percepción fenomenológica de la arquitectura se produce no únicamente a través de la vista sino en un sentido mucho más amplio que permite una experiencia sensorial completa.

> *Yo me enfrento a la ciudad con mi cuerpo: mis piernas miden la longitud del soportal y la anchura de la plaza, mi mirada proyecta inconscientemente mi cuerpo sobre la fachada de la catedral, donde vaga entre cornisas y contornos, toqueteando el tamaño de los retranqueos y los saledizos.*[21]

---

[20] Capitel, A., (1998) "La iglesia parroquial de Santa María en Marco de Canaveçes, Oporto. ¿La iglesia de un laico?", en *Pasajes de Arquitectura y Crítica*. Madrid, ETSAM, p. 22.

[21] Pallasmaa, J., (2016) *Habitar*. Barcelona, Gustavo Gili, p. 50.

De igual forma, el visitante que llega hasta la Iglesia de Santa Maria se enfrenta a ella con la totalidad de su cuerpo: sus piernas ascienden por las escaleras o la rampa sintiendo que de algún modo se está elevando sobre el entorno pero continúa formando parte de él. Una vez arriba, recorre el amplio atrio que articula todo el complejo, dándole de forma inconsciente dimensión hasta encontrarse frente a la puerta principal.

El espacio aprehendido

Materialización, percepción y emoción

En Marco de Canaveçes, Siza proyecta planteando una fenomenología que pretende enriquecer la experiencia sensorial del usuario del edificio.

> Todas sus obras se distancian formalmente entre ellas, pero al recorrerlas reconocemos un lenguaje que permite refigurar un camino en el que van apareciendo los distintos umbrales que vinculan las relaciones contenidas en el paisaje cultural, como por ejemplo, el uso de las plataformas para aproximarse a sus edificios, las ventanas horizontales que introducen el paisaje dentro del espacio, la direccionalidad diagonal en la percepción de sus recorridos, las ventanas que permiten asomarse hacia el interior, el constante juego con la luz que moldea sus formas y anuncia el paso del tiempo...[22]

Esta multitud de experiencias sensoriales es lo que el usuario percibe en su encuentro con la iglesia de Santa Maria, donde múltiples recursos ofrecen una percepción vinculada a las diferentes zonas fenoménicas que, al igual que ocurre con toda la obra de Siza, oculta una enorme complejidad tras una aparente sencillez en el resultado.

Tras aproximarse a la iglesia y ascender al nivel superior del basamento, el visitante recorre el atrio hasta situarse frente a la fachada principal.

---

[22] Reyes Torres, R., (2015) *Espacios intermedios frente al paisaje natural. Reflexiones sobre la obra de Álvaro Siza.* Tesis doctoral. Barcelona, Universitat Politècnica de Catalunya, p. 201.

Su estructura tripartita se aproxima a la estética románica (más robusta y compacta que la gótica), que sigue el mismo esquema.[23]

Estructura tripartita de la fachada principal. Imagen del autor

Apostado frente a la fachada principal de Santa Maria, la monumental puerta principal inevitablemente le hace a uno sentir pequeño, como perteneciente a otra escala.

La puerta, al igual que otros elementos presentes en la iglesia, manifiesta un marcado carácter de verticalidad. Sin embargo, aunque éste es

---

[23] Ferreira Marques de Paiva, R., (2010) *Luz e Sombra. A estética da luz nas Igrejas de Sta. Maria e da Luz, de Siza e Ando.* Dissertação de Mestrado em História de Arte Contemporânea. Lisboa. Universidade Nova de Lisboa, p. 43. (Traducido del texto original: '*A sua estrutura tripartida aproxima-se da estética românica (mais robusta e compacta do que a gótica), que segue o mesmo esquema*')

el efecto, la causa de que la puerta presente esta proporción responde principalmente al carácter proyectante de la memoria:

> *La idea de aquella puerta vino de una visita a Sicilia, a un santuario que está cerca de Palermo, que tiene una puerta enorme. Cuando yo llegué, la puerta estaba abierta, y al fondo había un enorme Cristo Pantocrátor en mosaico dorado... resplandeciente. Y entonces '¡pam!' Aquella imagen se me quedó grabada en la mente, y cuando me invitaron a hacer una iglesia, aquella imagen vino de inmediato. Y por eso esta iglesia tiene una puerta tan grande.*[24]

Fachada principal desde el exterior. Imagen: Juan Rodríguez

---

[24] Oramas, L., (2009) "Puerta en la iglesia de Marco de Canaveçes, de Álvaro Siza", en Boletín de información técnica de AITIM, n° 259. Madrid, p. 22.

Puerta principal desde el interior. Imagen del autor

En su acceso habitual a través de la torre derecha, el visitante se siente cómodo en la pequeña escala, para terminar desembocando en una nave central de altura mucho mayor que de nuevo recuerda a uno lo pequeño que es en relación a la inmensidad de lo trascendente, recurso muy habitual en los espacios cultuales de Le Corbusier.

> *Para Le Corbusier, la puerta es siempre un momento de compresión en el paseo arquitectónico, que debe permitir borrar la sensación de las dimensiones y valores del exterior de donde se viene, y por la pequeñez de la puerta, hacer encontrar imponentes las dimensiones del interior imprevisto al que se entra.*[25]

Una vez ocupa su asiento, el feligrés puede sentirse intimidado por los altos techos inmaculadamente blancos que parecen elevarse al cielo, generando una atmósfera etérea provocada por la luz rasante del techo, al

---

[25] Quetglas, J., (2017) *Breviario de Ronchamp*, Madrid, Ediciones Asimétricas, p. 141.

tiempo que la alargada ventana horizontal de la fachada sur, de altura y posición estudiadas, le conectan con la realidad del entorno circundante.

Del mismo modo, la percepción háptica define para el usuario un espacio donde conviven la calidez de la madera del suelo, más terrenal, con materiales pétreos, el azulejo blanco o el estuco que cubre las paredes interiores, que confieren una atmósfera más incorpórea al espacio.

Inicialmente el revestimiento de azulejos se pensó en madera, pero pronto fue descartado por romper la continuidad de la pared en vertical y por no reflejar la luz adecuadamente. Más tarde, el azulejo se planteó precisamente por esos reflejos particulares de la luz. Finalmente, para evitar la solución del contacto con las puertas y el encuentro de la pared curva con el suelo, su uso se limitó a algunas zonas, como el interior de la torre del baptisterio.

> *El uso del azulejo recupera la tradición portuguesa del siglo XVII y XVIII, y posteriormente de los años 50, cuando fue usado por Le Corbusier en Brasil, en el Ministerio de Educación y Salud. Siza lo utiliza en Marco de Canaveces y posteriormente en el Pabellón de la Expo 98 (en el primer caso en el interior, en el segundo en el exterior). Los azulejos, por sus cualidades físicas, privilegian los reflejos de luz de la ciudad.*[26]

Atendiendo la petición del párroco, la percepción sensorial de este espacio debía acompañarse con el sonido del agua cayendo de la pila. Para ello se diseñó un círculo tallado en la piedra del cual parece brotar la pila en forma de gran cáliz. El agua desciende por la base de la pila bautismal y discurre por unos pequeños orificios practicados entre las juntas de las piezas de mármol y el círculo tallado en las losas.

---

[26] Seoane, C., (2000) "Intimitá e monumentalitá", en *Casabella*. Milán, n° 678, p. 26. (Traducido del texto original: '*O uso do azulejo recupera a tradição portuguesa do séc. XVII e XVIII e posteriormente dos anos 50, aquando da sua utilização por Le Corbusier no Brasil no Ministério da Educação e Saúde. Siza utiliza-o em Marco de Canaveses e posteriormente no Pavilhão da Expo 98 (no primeiro caso no interior, no segundo no exterior). Os azulejos, pelas suas qualidades físicas, privilegiam os reflexos de luz da cidade minhota'*)

Vista interior del baptisterio. Imagen del autor

Volviendo al exterior, el sonido del agua es también protagonista en el acceso a la capilla mortuoria situada en el nivel inferior, resultando muy enriquecedor desde el punto de vista sensorial su discurrir, transportando al individuo a una dimensión más próxima a la atmósfera de lo trascendente que encontramos en el espacio interior.

> *Iglesia de Marco de Canaveçes, una iglesia donde murmura el agua, donde habla el silencio, donde la penumbra habita el espacio, donde la luz eleva el espíritu, sin duda es una obra de orden total. Su diseño es integral, cada mueble, cada detalle, son una lección de armonía.*[27]

---

[27] Tovar, J., (2016) "Álvaro Siza, el mejor arquitecto que ha dado Portugal", en *El siglo del Torreón*, 30-06-2016.

Lámina de agua en el patio de acceso a la capilla mortuoria. Imagen del autor

La luz como elemento sensitivo. Fenomenología de la luz

Resulta imposible realizar un análisis subjetivo de la percepción espacial en la iglesia de Santa Maria sin referirse a la utilización de la luz natural, que no sólo ayuda a articular una secuencialidad espacial vinculada al recorrido sino que también permite diferenciar los usos dentro del espacio eclesiástico.

En la nave principal, además de la larga rasgadura que conecta al feligrés con lo terrenal, la luz es introducida a través de los huecos practicados en la parte alta de la pared curvada norte, bañando el interior con una luz que parece provenir del cielo y convierte el espacio interior en un lugar bastante luminoso.

Entrada principal de luz en la iglesia. Imagen del autor.

El baptisterio, pese a estar abierto al espacio principal, recibe una luz totalmente diferenciada de éste. Aunque la altura del techo es la misma en ambos espacios, la altura reducida en el paso permite que el baptisterio se lea como un elemento aislado con un uso diferenciado; hecho que se refuerza con el cambio de materialidad en el pavimento y el alicatado de las paredes, y que se termina de definir con una luz diferente para este espacio que parece descender en vertical sobre la pila bautismal como si vibrara reflejada en el azulejo, desvinculándose perceptivamente de la luz procedente de la nave principal.

Vista del baptisterio desde la nave principal. Imagen: Juan Rodríguez

Algo similar ocurre con el altar. Pese a formar parte de la nave principal en un sentido estrictamente espacial, su elevación apenas unos centímetros por encima del nivel general provoca la percepción de que se trata de una zona diferenciada que recibe luz del exterior de unas fuentes distintas al resto de la nave (en este caso, los dos huecos verticales que se sitúan en el ábside), que además de iluminarlo generan en este espacio una atmósfera diferenciada a la que se percibe en otros espacios objeto de una luz distinta.

Vista lateral del altar. Imagen: Juan Rodríguez

En la planta inferior, de uso más privado, la luz recibe un tratamiento muy distinto. El acceso a la capilla, en contraposición con el amplio atrio de acceso a la nave principal, se genera a través de un discreto patio con pórtico cubierto y una modesta puerta, cuya materialidad es la misma que la puerta principal de la iglesia.

Puerta de acceso a la planta inferior. Imagen del autor

En el interior, donde el uso requiere un mayor recogimiento, el espacio presenta una iluminación natural limitada, generando una atmósfera tenue y sombría alineada con los sentimientos de los familiares del difunto. La luz se introduce en esta planta mediante las mismas rasgaduras que en la planta superior iluminan el altar, y también mediante otras pequeñas aberturas puntuales, para conservar esa atmósfera de espíritu afligido.

Fuente 1: La puerta principal

La luz penetra en el interior de la iglesia a través de esta puerta mediante un potente haz de luz que marca al feligrés el camino hacia el altar. Se trata por tanto de una luz con marcado carácter procesional, que además se desplaza entre el acceso y el altar a medida que avanza el día, recordando al visitante el paso del tiempo. Ese rayo, procedente del cielo, señala el suelo induciendo al mundo más terrenal al que se asocia la cota del pavimento tanto por su materialidad como por su iluminación, en contraposición con el blanco de la parte alta de la iglesia, que refiere a un carácter más etéreo propio del mundo celestial.

Fenomenología de la luz asociada a la fuente. Imagen: Juan Rodríguez

Fuente 2: La ventana horizontal

La luz natural procedente de este hueco es percibida por el feligrés como un elemento cambiante que le recuerda el paso del tiempo, tratándose por tanto de luz evanescente. De hecho, ésta es la única conexión visual con el exterior desde el interior de la nave principal.

Está libre de obstáculos y completamente despejada, por lo que la luz directa del exterior penetra en el interior como luz sólida. Sin embargo, se produce un complejo efecto de reflejos al contacto de la luz con el pavimento más próximo, así como con los azulejos que enmarcan el hueco e incluso las sillas de madera que se ubican cerca, convirtiéndose a la percepción en luz difusa.

Fenomenología de la luz asociada a la fuente. Imagen: Juan Rodríguez

Además, Siza genera un basamento materialmente más pesado –tanto al interior como al exterior- que le permite absorber los desniveles del entorno circundante y conectar los distintos estratos de la ciudad. Este basamento, con función práctica, contrasta con la materialidad puramente blanca del volumen en su parte alta, generando una percepción de mayor ligereza en un elemento notablemente másico. Esta estratificación entre lo pesado y lo ligero –lo tectónico y lo estereotómico- se acentúa en el alzado sur mediante la larga rasgadura que ocasiona este hueco, actuando como la frontera que separa ambos estratos.

Estratificación entre los dos niveles. Imagen: Juan Rodríguez

Fuentes 3 y 4: Las ventanas situadas en la parte inferior y superior del baptisterio

Las dimensiones del hueco inferior y su posición permiten que la luz que incide sea sólida, definiendo la pila bautismal con un potente rayo que se proyecta en el suelo y se desvanece en la reverberación a su encuentro con los azulejos de las paredes.

La luz que este hueco ofrece al interior penetra en el baptisterio atravesando un hueco de vidrio que le permite realzar la pila bautismal directamente (luz conducida). Este hueco que conecta visualmente con el exterior ayuda a proporcionar la idea de escala humana que se pretende.

En el caso del hueco superior, a pesar de penetrar como luz sólida, en su descenso hasta el suelo se vuelve difusa. Pese a tratarse de un hueco situado en fachada, las dimensiones del baptisterio en relación a su pronunciada altura provocan el efecto de que se trata de una luz totalmente cenital cuyo efecto se percibe además potenciado con la reflexión de los rayos sobre el revestimiento de azulejo blanco que cubre las paredes del baptisterio en toda su altura. El hueco, no visible a nivel del suelo, produce una luz de origen desconocido, que es conducida a través de la materia hueca (luz canalizada a través del impluvium) en la totalidad de la altura, proporcionando una ligera vibración que la convierte en luz difusa para conseguir un efecto que encontramos de forma similar en Ronchamp.

La columna vertical es doble. En el exterior, está hecha de materia; dentro, está hecha de luz. Una errónea asociación distintiva, propia de los ojos que no ven, sitúa a la luz en el exterior, a pleno sol, y la sombra en lo profundo, en el interior. Es al revés. Cualquier percepción consciente reconoce que las sombras, propias y arrojadas son un fenómeno propio del exterior, mientras que la luz se revela siempre como irrupción en un interior.[28]

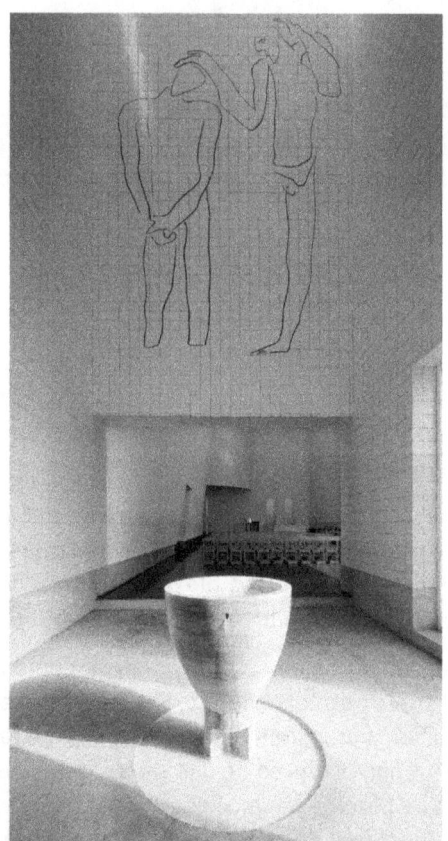

Luz cenital descendiendo sobre el baptisterio. Imagen: Juan Rodríguez

[28] Quetglas, J., (2017) *Breviario de Ronchamp*. Madrid, Ediciones Asimétricas, p. 235.

Fuente 5: Las ventanas del ábside

La luz producida por esta fuente se muestra al interior como difusa debido al vidrio translúcido del hueco exterior (luz velada) y al tamiz que supone la chimenea de luz entre el hueco exterior y los dos huecos interiores situados tras el altar (luz canalizada).

Del mismo modo ocurre con la luz que penetra a través de esta chimenea de luz hasta el nivel inferior en el que se ubica la capilla mortuoria.

Su origen desconocido para el feligrés recuerda a la Luce alla Berniniana tan empleada en el Barroco y contribuye a dotarla de una cierta atmósfera celestial.

> *Aquí había dos ventanas y en el centro estaba la cruz, de forma que se iluminaba con la luz que entra desde arriba, que llega hasta abajo a la capilla mortuoria. Finalmente se decide desplazar la cruz para no eclipsar ese espacio, la riqueza del ábside antiguo. Yo quería que esa entrada de luz generase un efecto de contraluz, por lo que aquí todo lo que pasa es bajo una luz misteriosa... Era por tanto una manera de ordenar el espacio del altar. Y la cruz, cubierta por una lámina dorada, torna todo esto vibrante, parece que la luz vibra.[29]*

---

[29] Ver Anexos. Entrevista realizada por el autor a Álvaro Siza en su estudio de Oporto en Enero de 2020.

Fenomenología de la luz asociada a la fuente. Imagen: Joan Maravilla

Fuente 6: Las ventanas de la pared curvada norte

Pese a contar con una cubierta plana, Siza hace empleo en la iglesia de un recurso que tiene a la percepción del usuario un comportamiento similar a las aperturas inferiores de las cúpulas bizantinas. Mediante la curvatura interior del muro norte en la nave principal, su orientación y la profundidad de los huecos provocada con la inclinación del muro da lugar a que la luz introducida tenga un marcado carácter difuso que se extiende en paredes y techo.

Al estar retranqueados, el usuario percibe la entrada de luz pero no es capaz de ver el origen de la misma, reforzando el efecto conseguido por la curvatura de la pared y la sensación de ligereza en un techo donde se desdibuja la gravedad, pareciendo que está sustentado en realidad por la luz y no apoyado sobre el muro. Así, el espacio se inunda de luz y se genera una atmósfera etérea gracias a la luz evanescente que ayuda a que el espacio mute con el tiempo.

Fenomenología de la luz asociada a la fuente. Imagen: Juan Rodríguez

Todos tenemos la imagen de las iglesias manieristas muy hechas a la idea de un volumen más alto que largo y unas ventanas allá arriba que en muchos casos tienen unas barandillas. Yo recuerdo cuando estaba haciendo el proyecto que la memoria funcionó mucho. Yo me acordaba de que iba el domingo a misa, era un niño y me hacían gran impresión aquellas ventanas allá arriba con unas barandillas en la iglesia de Matosinhos. Y yo nunca veía nadie en aquellas barandillas y pensaba: ¿para qué son y cómo se va ahí? Y aquello me quedó en la memoria y reapareció cuando hice la iglesia, y sucedió como resultado de la memoria el crear un acceso que las personas no se dan cuenta.

Después otra idea es cómo no se veía directamente la luz, porque eran paredes muy largas y por tanto con la perspectiva no se veía, y ésa es una de las razones –no digo que sea la única- pero involucrada en el gesto de inclinar aquella pared está la intención de crear profundidad. Por tanto quien está allí no ve propiamente la luz, lo que ve es el ambiente iluminado.[30]

Fuente 7: La ventana de la capilla mortuoria

El espacio generado parece evocar una capilla, invitando al recogimiento de los allegados del difunto. La luz es conducida a través de un elemento vidriado esbelto (luz velada) para que se presente al interior como un fondo de perspectiva que aporta la visibilidad necesaria sin truncar la atmósfera de penumbra deseada, en consonancia con el espíritu de los presentes.

El espacio de un edificio debe poder leerse como una armonía de espacios iluminados. Cada espacio debe ser definido por su estructura y por el carácter de su iluminación natural. Aun un espacio concebido para permanecer a oscuras debe tener la luz suficiente proveniente de alguna misteriosa abertura que nos muestre cuán oscuro es en realidad.[31]

---

[30] Siza, Á., (2015) "La luz y la Arquitectura", en Rodríguez, J. y Seoane, C., *Siza x Siza*. Barcelona, Fundación Caja de Arquitectos. Barcelona, p. 385.
[31] Kahn, L. (2002) *Conversaciones con estudiantes*. Barcelona, Gustavo Gili, p. 48.

Fenomenología de la luz asociada a la fuente. Imagen: Joan Maravilla

ANÁLISIS SEMIÓTICO: REALIDAD METAFÍSICA DE LA OBRA

El contexto metafísico

Definición y encuadre histórico

Desde las primeras muestras de arquitectura, las construcciones destinadas al culto han estado presentes en todas las etapas artísticas y en todas las culturas. La arquitectura sagrada –la que tiene por objetivo servir de nexo entre lo inmanente y lo trascendente- es, posiblemente, la tipología constructiva que más protagonismo ha acaparado durante siglos, desde Egipto o la Antigua Grecia hasta el Románico, el Gótico o el Barroco.

Sin embargo, la arquitectura religiosa entendida del modo actual tiene su origen en la importante transformación desencadenada principalmente a finales del siglo XIX y principios del XX.

Encontramos dos momentos clave en la definición de ese cambio que ha dado lugar a la arquitectura religiosa actual: el Movimiento Litúrgico y el Concilio Vaticano II. Además, el marco del Movimiento Moderno surgido tras la Revolución Industrial ha contribuido a su florecimiento.

El Movimiento Litúrgico es una corriente enfocada en la regeneración de la manera de celebrar la liturgia de la comunidad cristiana, originado en 1833 y vigente hasta el año 1963.

Los cinco puntos fundamentales en los que puede sintetizarse el ideario del Movimiento Litúrgico son los siguientes[32]:

1. 'Ressourcement'. El retorno a las fuentes pretendía ahondar en los fundamentos teológicos e históricos de la liturgia católica.

2. Potenciación del misterio. Buscaba recuperar la aportación del misterio de Cristo.

---

[32] "El Movimiento Litúrgico y el Vaticano II", Servicio Diocesano de Formación del Laicado, Diócesis de Bilbao.

3. Dios como protagonista del culto.
4. Sacrificio del altar. Se pretende remarcar el carácter unificador del sacrificio y la oración alrededor del altar, clave en la posterior construcción de iglesias.
5. Liturgia celebrada por el pueblo. La iglesia debe ser por encima de todo asamblea; el lugar donde el pueblo de Dios se congrega para celebrar la liturgia.

Finalizada la II Guerra Mundial, el Papa Pío XII tuvo que intervenir mediante su encíclica *Mediator Dei et hominum* (1947), mostrando el respaldo de la Santa Sede al Movimiento Litúrgico y matizando su aplicación para disipar polémicas interpretativas.

El Pontífice materializó una reforma gradual que se prolongaría hasta que, con el anuncio del Concilio Vaticano II en 1963 se publicaba la *Sacrosanctum Concilium* sobre Sagrada Liturgia.

El Concilio dejó atrás el cristocentrismo para dar mayor protagonismo al Espíritu Santo, apuntando además a una mayor implicación de los fieles en la liturgia.

Pese a que algunas ya se venían implantando desde los años cincuenta, la reforma litúrgica introdujo importantes innovaciones en el interior de las iglesias, tales como:

1. Altar único, suprimiendo los altares laterales.
2. Ubicación del sagrario en una capilla lateral, separado del altar.
3. Ambón fijo cerca del altar, eliminando el púlpito en medio de la nave.
4. Sede fija para el celebrante.
5. Nuevo rito del bautismo, situando la pila bautismal en la entrada del templo en lugar de hacerlo en el presbiterio.

De forma análoga al Movimiento Litúrgico ocurrió en el ámbito de la arquitectura, que encontró tras la Revolución Industrial la semilla sobre la que dar forma al Movimiento Moderno.

Su afección dentro de la arquitectura religiosa tuvo que esperar hasta pasada la II Guerra Mundial, donde la necesidad de atender a la dimensión de lo trascendente provoca la incursión de los grandes arquitectos del momento en la construcción de espacios sagrados, contribuyendo a que la arquitectura religiosa volviera a considerarse como uno de los paradigmas de la arquitectura representativa de la época.

Si bien en las ciudades clásicas y medievales el entramado urbano crecía en torno al elemento religioso –catedrales y monasterios principalmente-, las ciudades contemporáneas –a excepción de algunos casos como la Brasilia de Niemeyer- han sufrido un proceso de secularización en paralelo al sufrido por la sociedad.

La necesidad de regeneración tras la devastación de las dos grandes Guerras, la influencia de la Modernidad y el espíritu renovador de la Iglesia formulado con el Concilio Vaticano II confluyen para dar como resultado una arquitectura religiosa transformada. Sin embargo, al tratarse de algo tan arraigado a la tradición, hubo que esperar aún algunos años hasta ver muestras construidas de dicha transformación.

Discernir si es posible que coexistan, por un lado, lo intemporal de la religión y, por otro, la contemporaneidad que se presupone a la aspiración profesional y cultural sin que ninguna de ellas deba renunciar a sus principios es una cuestión de aritmética compleja a la que Álvaro Siza trata, de manera muy consciente, de dar respuesta a través de su iglesia en Marco de Canaveçes:

> *Cuando yo digo en ocasiones que esta iglesia es conservadora, lo digo en contraposición a un espacio que, como ocurre muchas veces, no incluye nada de la historia de la Iglesia. La iglesia es conservadora en el sentido de que no excluye la simetría, el pasillo en el eje, la organización longitudinal, el baptisterio en la entrada, etc. Por eso yo digo que es 'conservadora', también con alguna ironía. Porque es el resultado de un debate que está en curso, que desde el Concilio y desde las Instrucciones realizadas en relación a la liturgia, hubo un paso, pero no creo que se haya terminado el debate sobre esos temas. Y aquí, lo que hace el Concilio en relación a la Liturgia, me parece a mí, es abrir un debate.*[33]

---

[33] Fernández Cobián, E. & Della Longa, G., (2007) "Entrevista a Álvaro Siza sobre la iglesia de Santa María en Marco de Canaveçes", en Actas del I Congreso Internacional de Arquitectura religiosa contemporánea, nº 1. A Coruña, Universidade da Coruña, p. 208. (Entrevista realizada en Oporto el 30 de abril de 2006).

Desde el encargo, Siza tuvo claro que no quería hacer una iglesia que pareciera una iglesia. No como acto de rebeldía injustificada, sino apoyado en el debate planteado en torno al espacio de la iglesia, ya que según él ciertos aspectos se encuentran en este momento atravesando un periodo de incertidumbre que invitaba a ello.

Como Siza reconoce, para poder llevar a cabo su proyecto de iglesia adaptada a los nuevos tiempos resultó fundamental el papel del párroco, Nuno Higinio, que mostró un gran interés por la arquitectura, y apostó por Siza de manera tan fehaciente que incluso en momentos de duda condicionó su continuidad en el cargo a la de Siza en el proyecto.

Además del párroco, el arquitecto contó con la colaboración de tres teólogos de la diócesis de Oporto, cuya falta de unanimidad reforzó su idea de que el espacio religioso contemporáneo estaba en un momento de ebullición y que el debate en torno a él estaba plenamente abierto.

Autoproclamado laico, Siza asegura que en el desarrollo del proyecto *"nunca hubo ideas predefinidas, dadas a priori. Aquello que es ahora fácilmente legible es el resultado de la decantación de determinadas reflexiones sobre el espacio, hoy tan dificultoso, de la iglesia".*[34]

Esta complejidad se debe principalmente a estas alteraciones en la liturgia, que según Siza hacen indispensable una reflexión sobre las nuevas condiciones funcionales del espacio eclesiástico.

Tras esa reflexión en torno al nuevo espacio eclesiástico, Siza considera que también existen múltiples aspectos que cuentan con el respaldo de siglos de tradición y que no deben derogarse a consecuencia de un Concilio que ni siquiera generaba unanimidad entre los teólogos consultados:

> *Lo que considero más significativo en este proyecto es un debate que existe hoy sobre el espacio de la iglesia. Y cuando digo hoy digo después del Concilio Vaticano II. Yo noté la existencia de una primera fase en la que lo preponderante en la mayor parte de los proyectos realizados es un sentido de unidad de la asamblea con los celebrantes. Lo que me parece que dominó esa primera fase*

---

[34] Siza, Á., (2003) *Imaginar la evidencia.* Madrid, Abada Editores, p. 49.

de respuesta a las modificaciones conciliares fue la consideración de la iglesia como un auditorio. Y ahí, me parece que se perdió algo de la atmósfera de una iglesia que es difícil de apagar, porque procede de siglos de realizaciones. Por un lado ocurre que los edificios históricos ya no sirven mucho para el proyecto posterior al Concilio Vaticano II; pero desde mi punto de vista, no se puede perder todo eso.[35]

Fruto de ello encontramos en la iglesia de Santa Maria una dualidad que aglutina a partes iguales aspectos propios del espacio eclesiástico postconciliar con otros propios de la Iglesia tradicional más conservadora. Aspectos como la abertura de una ventana que suprime el ambiente de recogimiento típico de las iglesias o la colocación de la estatua de la Virgen sin asentarse sobre un pedestal despertaron cierta polémica al inicio. Sin embargo, múltiples teólogos han elogiado todo ello en relación con los actuales principios de la liturgia.

Para comprender el contexto de la iglesia desde una perspectiva metafísica, resulta fundamental conocer el significado que ofrece el atrio generado frente al acceso, sobre la plataforma que articula los tres volúmenes del conjunto. Este atrio, además de que *"es una transición entre lo profano y lo sagrado"*[36], permite descubrir el paisaje circundante, de manera similar a aquella estrategia empleada por los mayas en Uxmal que Jørn Utzon describía así:

Al introducir la plataforma con su nivel superior a la misma altura que las copas de los árboles, de repente aquellos pueblos consiguieron una nueva dimensión de la vida digna de la devoción a sus dioses. Sobre esas plataformas elevadas –muchas de las cuales alcanzan los cien metros de longitud- construyeron sus templos, desde donde tenían acceso al cielo, a las nubes y a la brisa; de repente, el techo de la selva se convirtió en una gran llanura abierta.

---

[35] Fernández Cobián, E. & Della Longa, G., (2007) "Entrevista a Álvaro Siza sobre la iglesia de Santa María en Marco de Canaveces", en Actas del I Congreso Internacional de Arquitectura religiosa contemporánea, n° 1. A Coruña, Universidade da Coruña, p. 206. (Entrevista realizada en Oporto el 30 de abril de 2006).
[36] Higinio, N., (1996) *Igreja de Santa Maria, Marco de Canaveces: Parroquia de Santa Marinha de Fornos*. Porto, p. 21.

> *Mediante este truco arquitectónico modificaron completamente el paisaje y dotaron a su experiencia visual de una grandeza acorde con la de sus dioses.*[37]

El atrio actúa pues como conductor al interior del templo, en lo que supone un umbral para dejar atrás el mundo profano e introducirse en el espacio-tiempo interior de lo sagrado. El conjunto, además de ese carácter revitalizador del entorno al que se ha hecho referencia, plantea igualmente una nueva experiencia metafísica para el usuario distinta a la experimentada previamente a su implantación.

> *El nuevo edificio configura relaciones entre el cielo y la tierra que antes no se producían en el lugar de su implantación. Desde su construcción, las personas habitantes del lugar encuentran que el tiempo del calendario, vinculado a los mitos y ritos, ha cambiado de ubicación y de espacio, los itinerarios son diferentes, ya las misas no se celebran en la pequeña iglesia de Marco de Canaveçes, lo que conlleva a que se configuren nuevas experiencias en el uso y percepción del espacio. (…) En la iglesia Santa Maria de Marco de Canaveçes el acto litúrgico y el espacio se entrelazan y le dan sentido a la existencia.*[38]

El arquitecto es capaz de crear un espacio de confluencia entre los distintos momentos temporales: los apegos con que la memoria nos traslada al pasado; la esperanza de que algo nos aguarda en el futuro; y la conexión de anclaje con el presente mediante la inclusión dentro del templo de una parte del paisaje natural circundante.

El espacio interpretado

Signo, símbolo y significado

Antes de adentrarnos en el carácter semiótico de la iglesia, conviene definir algunos conceptos básicos imprescindibles para la comprensión del posterior análisis planteado:

---

[37] Utzon, J., (2010) "Plataformas y mesetas: ideas de un arquitecto danés", en *Conversaciones y otros escritos*. Barcelona, Gustavo Gili, 2010, p. 14.
[38] Reyes Torres, R., (2015) *Espacios intermedios frente al paisaje natural. Reflexiones sobre la obra de Álvaro Siza*. Tesis doctoral. Barcelona, Universitat Politècnica de Catalunya, p.163.

La **religión** puede ser entendida como la administración de lo sacro. Lo religioso engloba pues sentimientos, acciones y dogmas que conectan al ser humano con lo trascendente y, especialmente, con el concepto de Dios.

En español, lo **'sagrado'** hace referencia al sentido cristiano de lo **'sacro'**. Además, en el cristianismo, lo sagrado recibe la etiqueta de **santo**, siendo Dios el Santo por antonomasia. No obstante, esta palabra se suele emplear únicamente para referirse a las personas, aplicando el genérico 'sagrado' cuando se trata de objetos u otros elementos.

> Lo sacro es lo separado, lo reservado, lo puro, aquello que se dedica a un fin más alto, aquello que no puede ser tocado. De ahí el acto de preservar personas u objetos, de 'consagrarlos'.[39]

Resulta necesario diferenciar el arte sagrado -definido como toda representación artística consagrada para ponerse al servicio del culto y la liturgia- y el arte religioso, cuya única característica exigible es que su temática sea de contenido espiritual.

Lo sacro, además, alberga la idea de sacrificio, mediante el cual el individuo honra a la divinidad con el propósito de ganarse su favor.

El **templo**, como edificio consagrado a la divinidad, es un denominador común en casi todas las civilizaciones de la Historia. El ser humano ha sentido siempre la necesidad de dar culto a las diferentes deidades, alimentado en su dependencia como criatura con respecto a su Creador.

A diferencia de otras religiones, en el cristianismo Jesucristo deslocaliza el lugar de culto del templo para ubicarlo en el interior de cada persona, estableciendo además su propio cuerpo como templo. Por ello, el edificio y la comunidad comparten denominación: iglesia, diferenciada habitualmente al emplear Iglesia (mayúscula) para referirnos a la comunidad e iglesia (minúscula) en referencia al edificio donde ésta se reúne para la celebración de su fe.

---

[39] Fernández-Cobian, E., (2000) *El espacio sagrado en la arquitectura española contemporánea.* Tesis Doctoral. A Coruña, Universidade da Coruña, pág. 45.

Así, pese a que Dios no necesita una 'casa' donde habitar porque está presente en cada miembro de su comunidad, los templos cristianos resultan necesarios por cuestiones prácticas, especialmente la administración de los sacramentos y algunas formas de oración, si entendemos que el culto divino debe ser una actividad colectiva que requiere de momentos precisos y espacios concretos para realizarse de forma social.

El **símbolo**, otro concepto clave, es un componente material capaz de evocar al individuo una realidad distinta de la propia, generalmente de carácter espiritual.

La **liturgia** fue definida por el Papa Pío XII en su encíclica *Mediator Dei* de 1947 como "*el ejercicio de la mediación sacerdotal de Cristo ante el Padre Eterno a través de la Iglesia, su cuerpo místico.*"

Históricamente, el templo ha sido la tipología arquitectónica por excelencia. Casi antes de realizar una morada para sí, el ser humano intenta realizar una morada que represente la de Dios en el mundo terrenal, haciendo de la arquitectura religiosa una fuente de grandes obras maestras de la arquitectura a lo largo de su Historia.

> *Toda arquitectura religiosa es función y es símbolo; es construcción y es signo. No es posible separar estas cuatro componentes. Pero, además, la arquitectura cristiana es historia, en cuanto hace referencia a un Dios personal que se ha hecho Señor del tiempo interviniendo de modo personal y temporal en la historia.*[40]

La arquitectura religiosa contemporánea se encuentra por tanto en una disyuntiva entre la arquitectura de la modernidad, que promulga partir de cero, y la arquitectura cristiana, que parte de la memoria histórica de siglos que ha marcado la evolución del templo cristiano.

La arquitectura religiosa es función, símbolo, signo y construcción. Por tanto, la pretensión de funcionalidad de la arquitectura moderna es otra de las problemáticas a las que debe enfrentarse la arquitectura religiosa contemporánea.

---

[40] Alonso Pereira, J. R., (2007) "Memoria y proyecto en la Arquitectura religiosa contemporánea", en Actas del I Congreso Internacional de Arquitectura religiosa contemporánea, nº 1. A Coruña, Universidade da Coruña, p. 366.

Desde *'la forma sigue a la función'* de Sullivan hasta *'forma y función son una misma cosa'* de Frank Lloyd Wright, se desarrolla toda la composición moderna. Por tanto, la definición de función asociada a la arquitectura del templo implica importantes consecuencias arquitectónicas, puesto que una funcionalidad mecánica no es compatible con la arquitectura religiosa que introduce numerosas variaciones en el plano del culto religioso pero también en torno al papel social que desempeña la Iglesia para la comunidad. A esto también busca dar respuesta Álvaro Siza:

> *No es un tema tan simple ni banal que no haya dado origen a una polémica sobre el asunto. Yo, en relación con el espacio del altar, procuré observar –incluso asistiendo a misas- cómo son los movimientos en el altar. Son complejos, variados. El sacerdote está detrás del altar, ahora vuelto hacia la asamblea –una modificación muy significativa posterior al Concilio-, está detrás del altar pero se mueve: hacia el ambón, hacia el sagrario, cuando entra o sale, etc. (...) Se parte de todos estos movimientos funcionales, atendiendo a que de ellos no resulte una cierta confusión en la ceremonia. Por tanto, hay casi una previsión de movimientos teatral.*[41]

Igual que hiciera Le Corbusier en Firminy-Vert, el altar y la puerta se muestran perfectamente alineados (esquema recogido por primera vez en la iglesia parroquial de Le Tremblay en 1929). El altar se convierte así en el centro de la composición, no en un sentido geométrico sino en sentido orgánico y perceptivo.

Por último, aparece como parte de la problemática la caracterización espacial del templo, históricamente concebido como un espacio encerrado en sí mismo que da la espalda al exterior. La iglesia de Marco de Canaveçes rompe con esta idea de espacio religioso introvertido:

> *En este debate hay mucho de apertura en sentido general, de apertura de la Iglesia al mundo, de una mayor apertura a los problemas contemporáneos, a*

---

[41] Fernández Cobián, E. & Della Longa, G., (2007) "Entrevista a Álvaro Siza sobre la iglesia de Santa María en Marco de Canaveçes", en Actas del I Congreso Internacional de Arquitectura religiosa contemporánea, nº 1. A Coruña, Universidade da Coruña, p. 211. (Entrevista realizada en Oporto el 30 de abril de 2006).

los asuntos –algunos muy delicados- en discusión, donde hay ideas diferentes en juego; incluso percibo a veces una polémica interna.[42]

Fieles durante la celebración. Imagen: Archivo Álvaro Siza

El carácter transformador del entorno está también muy presente en el proyecto de Álvaro Siza, cuyo complejo parroquial además de un espacio cultual es un espacio de tránsito continuo para los vecinos, conectando la parte alta y la baja de la ciudad más allá de las horas en que la iglesia está abierta, manteniendo vivo el espíritu de la arquitectura religiosa pero tratando de adaptarse a la realidad social del presente, respaldada por esa dualidad compositiva capaz de introducir aspectos que aporten monumentalidad al edificio con otros que acerquen al mismo a la escala humana.

[42] Ibídem, p. 215.

Esa presencia de las dos escalas –lo cotidiano y lo trascendente- tiene su extensión en el carácter simbológico del edificio, que por su tipología hace inevitable extrapolar a la idea de lo divino.

Pese a los guiños de monumentalidad parece claro el propósito de la iglesia de conservar la escala humana que dé a entender que forma parte del entramado y no es un añadido posterior.

A este hecho contribuye la tendencia de las iglesias modernas a rehuir la ostentación, que en el caso de Santa Maria venía además facilitado por la escasez de medios económicos:

> *El tercer medio* -de los que caracterizan la arquitectura religiosa moderna- *consiste en una renuncia sistemática al ornamento, que no esté ligado con la arquitectura, a la monumentalidad y a la ostentación. El ornamento no necesario es superfluo, porque la riqueza no ha sido nunca signo de religiosidad; la monumentalidad de la iglesia no radica en su tamaño, sino en su significado; los templos modernos no quieren, ni deben, competir con los rascacielos, los estadios o la ostentación de un edificio profano.*[43]

Ya en 1963, Le Corbusier recibe una carta del obispo Maziers en agradecimiento por aceptar el encargo de la iglesia de Firminy-Vert, articulada básicamente en torno a la idea de pobreza:

> *La pobreza de la que habla Maziers es una pobreza evangélica; no es un purismo, una opción estética, sino un despojamiento ascético, de tipo práctico, que permite seguir al Maestro con más agilidad, en la predicación de su doctrina y en el servicio a los hermanos. En una palabra: austeridad. Como consecuencia, los edificios así construidos deberían facilitar el encuentro con Dios a través del recogimiento y de la oración.*[44]

Dada la tipología del edificio, Siza debe dar respuesta al mismo tiempo a esta escala humana y austera y a la escala divina en busca de la monumentalidad simbólica que un edificio así demanda.

---

[43] Arsenio, F. & Arenas, F., (1960) "Sintomatología de la arquitectura religiosa moderna", en *Arquitectura*, nº 17. Madrid, COAM, p. 4.
[44] Burriel Bielza, L. & Fernández-Cobián, E., (2015) *Le Corbusier. Proyectos para la Iglesia católica*. Buenos Aires, Diseño Editorial, p. 23.

Fruto de esta ambivalencia encontramos elementos que dan respuesta a la escala cotidiana conjugados con otros que responden a una escala de lo trascendente; aspectos que permiten al usuario mantener el contacto con su entorno inmediato y otros que acercan al mismo usuario a una conexión con lo sobrenatural.

Estos elementos llevan asociada una simbología que permite establecer una dicotomía desde el punto de vista semiótico.

Esta dicotomía la encontramos, de manera clara, en el planteamiento del acceso al edificio.

Situado frente a la iglesia, el visitante se encuentra ante una puerta de diez metros de altura enmarcada en dos torres que ensalzan más si cabe la verticalidad del acceso. Este elemento se muestra como un digno acceso a 'la casa de Dios'. Sin embargo, Siza genera otro acceso con carácter mucho más humano bajo una de las torres, a través de una modesta puerta de cristal en un espacio con la altura del techo más baja. Este acceso se erige como el habitual para los usuarios, quedando la apertura de la puerta principal reservada a las ocasiones señaladas que marca la liturgia.

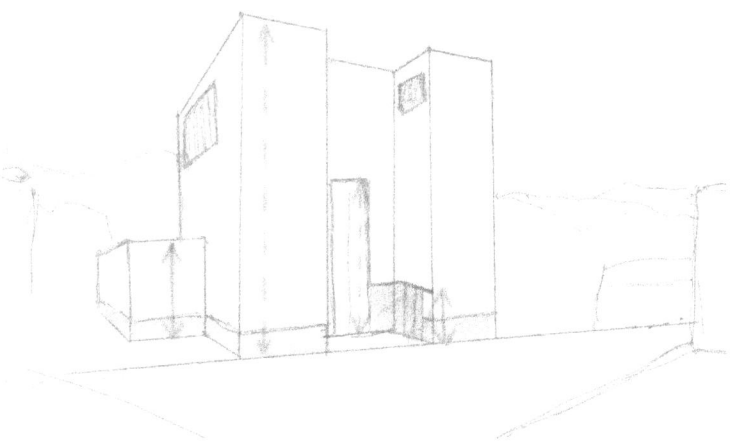

El usuario también experimenta esta dualidad de escalas provocado por el planteamiento que se establece para la apertura de huecos. Por un lado, encontramos unas ventanas de grandes dimensiones situadas a gran altura, sobre el muro norte, que presentan una escala y disposición próximas a lo divino o celestial. Por otro, Siza vuelve a introducir elementos que permitan a los feligreses preservar la escala humana y no perder la conexión con el entorno circundante. Este recurso es el largo ventanal alargado que recorre la fachada sur, y que en contraposición a los de la fachada norte, se sitúa a una altura que conecta visualmente a los feligreses con Marco de Canaveçes desde el interior de la nave cuando están de pie, mientras que cuando están sentados únicamente se ve el cielo para facilitar la introspección durante la liturgia.

También para el altar se emplean diversos recursos que acercan el espacio eclesiástico a la gente, al tiempo que introduce algunos elementos que le permiten mantener las distancias y evocar la escala de Dios. Elevándose apenas 45 centímetros del resto de la nave, la distancia que separa al párroco de su audiencia es menor de la habitual y facilita su unión, pero al mismo tiempo tras el altar se emplea un recurso que produce la sensación de que ese espacio está bañado por un aura celestial que provoca en el feligrés una imagen de cierto distanciamiento divino.

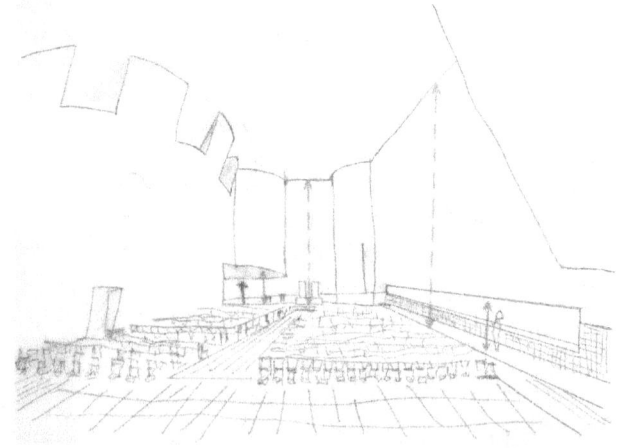

El último ejemplo de esta simultaneidad de escalas lo encontramos en el baptisterio: su visión desde la nave principal presenta una escala humana, siendo un espacio cuadrado de reducidas dimensiones (3 metros de lado), que además enfatiza su diálogo con el mundo terrenal mediante un ventanal que permite ver el acceso a la iglesia. Sin embargo, una vez que el usuario accede a este espacio es imbuido por la escala divina, debido a que ese espacio se eleva hasta alcanzar la altura total de la nave. Para terminar de remarcar este efecto, la torre presenta una abertura en la parte superior que introduce luz natural desde arriba, aproximando al visitante más a lo divino.

La sencillez de formas que proporciona la geometría pura recrea un ambiente de serenidad propio de los espacios religiosos. Sin embargo, la introducción de la alargada ventana horizontal rompe con la idea de las iglesias oscuras y también con el concepto de que los espacios de esta tipología no pueden estar conectados con el exterior.

> *Yo recibí una educación católica, y tengo recuerdos de infancia de iglesias cerradas y oscuras. Me recordaban a las cárceles. Así que esa ventana horizontal está ligada a mis intenciones primordiales de reinterpretar la idea misma de la Iglesia.*[45]

Esa reinterpretación se basa en la confluencia de dos aspectos: el respeto por la tradición y el carácter continuista pretendido por Siza, y los aires de renovación procurados por la Iglesia.

---

[45] Siza, Á., (1999) en Curtis, W., "Una conversación con Álvaro Siza", en *El Croquis*. Madrid, n° 95, p. 112.

Uno de los elementos que hacen de Santa Maria una iglesia conservadora es la posición del baptisterio, en contraposición con la nueva ubicación más próxima al altar que promueve la iglesia post-conciliar.

En su centro se aloja la pila bautismal, un elemento pétreo macizo realizado en mármol que mide 1 metro de diámetro en su parte superior.

Su posición no es lo único que preserva el espíritu de la iglesia cristiana primitiva para este espacio: su desnivel en relación al pavimento de la nave principal y la profundidad del espacio rectangular son una reminiscencia de las antiguas piscinas bautismales[46], en las que siglos atrás el bautizado debía sumergirse para convertirse en nuevo miembro de la comunidad cristiana.[47]

Pila bautismal. Imagen del autor

---

[46] N. del A.: Para más información, ver VV.AA., (1925) *Dictionnaire d'archéologie chrétienne et de liturgie*, Tomo X. Francia, Letouzey, p. 394 y VV.AA., (1986) *Actas del XI Congreso internacional de Arqueología Paleocristiana*. Lyon, p. 571.

[47] N. del A.: El bautismo por inmersión es todavía una practica habitual hoy en día en Iglesias protestantes como la evangélica y en algunas denominaciones cristianas, además de en la Iglesia ortodoxa, siendo cada vez menos frecuente dentro de la Iglesia católica.

El rigor y la búsqueda del detalle no quedan únicamente en el continente. Del mismo modo que Le Corbusier en Ronchamp, Siza parece evitar la participación de otros artistas que testimoniasen la integración entre las diversas artes, lo cual al menos en el caso de Ronchamp era uno de los intereses iniciales de la diócesis.

En Santa Maria no encontramos prácticamente ninguna muestra de pintura y nada de escultura a excepción de la cruz: sólo arquitectura desnuda, y sólo un autor. La única muestra de pintura son las figuras que el propio arquitecto dibuja con trazo negro sobre el azulejo blanco de la pared del baptisterio, y que representan en conjunto el bautismo de Cristo.

Este carácter austero se apoya en la creencia que se venía extendiendo de que los espacios sagrados no deben ser ostentosos.

> *Se puede achacar a las iglesias actuales de estar faltas de significado y simbolismo y ser pobres en decoración. (...) Pero junto a eso hay una ganancia de mayor interés: la creación de un espacio interno más útil, porque es más auténtico y verdadero. Este espacio es mejor no sólo porque físicamente se adapta a la Liturgia, sino porque está capacitado para crear un ambiente religioso menos superficial y más austero.*[48]

Además de esta escena del bautismo plasmada en la pared, encontramos otras significaciones incluso en elementos que no necesariamente tienen el carácter de símbolo religioso.

Así, las 15 filas de sillas que se distribuyen en la nave vendrían a representar el Viacrucis[49]: la primera línea de asientos simbolizaría la 1ª Estación -correspondiente a cuando Jesús es condenado a muerte- y la última -más próxima al altar y con la cruz a la izquierda y la imagen de Santa Maria a su derecha- simbolizaría la 15ª Estación, que corresponde con la Resurrección.

---

[48] Arsenio, F. & Arenas, F., (1960) "Sintomatología de la arquitectura religiosa moderna", en *Arquitectura*, nº 17. Madrid, COAM, p. 4.
[49] N. del A.: El Viacrucis o camino de la Cruz es la meditación en torno a los distintos momentos sufridos por Jesús desde su captura hasta su crucifixión y posterior resurrección.

Vista desde el coro. Imagen: Juan Rodríguez

La imagen de Santa Maria se sitúa sobre un pedestal que la ubica a la misma altura que los fieles. Además, su posición en la parte derecha del altar, en el extremo de la alargada ventana horizontal, le confiere un papel discreto como parte del conjunto.

Ubicación de la imagen de Santa Maria. Imagen: Juan Rodríguez

El altar, situado en el centro, es una pieza másica de 3 metros de largo y 1 metro de ancho y de alto, materializado en el mismo mármol que la pila bautismal.

Para que pueda consagrarse, el altar debe concebirse como un elemento engarzado en el suelo, haciendo bloque con él:

> *Debe estar empotrado al suelo, y la tabla fijada en su base: no es un mueble, un accesorio del sacrificio, es el lugar. (...) Varios ancianos recuerdan entonces el gesto de Jacob erigiendo la piedra de Béthel y vertiendo aceite para hacer el monumento de la teofanía, y de la escala vista en sueños que conectaba la tierra al cielo.*[50]

Vistas frontal del altar. Imagen: Juan Rodríguez

La cruz pasó por múltiples transformaciones antes de dar con la solución definitiva. Tanto es así, que la cruz situada en el altar fue instalada con posterioridad a la inauguración de la iglesia.

En una primera fase, se planteó realizar una cruz de madera, trabajando los contornos con cierta indefinición que sugiriese la figura de Cristo.

---

[50] Roguet, A., (1945) "L'Autel", en *La Maison-Dieu*. París, Centre National de Pastoral Liturgique, n°. 63, p. 104.

Más tarde, los bocetos pasaron por versiones más simplificadas hasta perfilarse como *"una cruz en la cual, en el encuentro entre vertical y horizontal, en la forma de la vertical y en las vibraciones de la madera, se hiciera evidente de inmediato la presencia humana".* [51]

Tras decidir la forma, la cruz se revistió con una lámina de oro para proporcionarle una mayor desmaterialización al reflejo de la luz que redujera en mayor medida su protagonismo.

> *Primero pensé en un escultor para hacer la cruz, con una imagen y demás. Pero después fui a un museo de arte sacra, y vi libros de arte sacra moderna, y en el capítulo de la escultura no encontré nada que se pareciese porque hay un trauma muy grande porque hay siglos de iglesias maravillosas con grandes figuras de Jesucristo, y los escultores están inhibidos. Y yo también me cohibí. La idea era primero hacer una especie de Cristo pero nunca me convencía demasiado. Después quise hacer una cruz donde se notaba una cierta presencia humana, cierto cuerpo... a través del encuentro.* [52]

Diferentes bocetos de la cruz. Imagen: Archivo Álvaro Siza

---

[51] Siza, Á., (2003) *Imaginar la evidencia*. Madrid, Abada Editores, p. 61.
[52] Ver Anexos. Entrevista realizada por el autor a Álvaro Siza en su estudio de Oporto en Enero de 2020.

Aspecto final de la cruz. Imagen: Juan Rodríguez

Además de pasar por múltiples versiones hasta llegar al resultado final, la cruz también sufrió cambios de posición. Tal y como se aprecia en los primeros bocetos, y de la misma forma que le ocurriera a Le Corbusier con la cruz de Ronchamp, ésta se situaba inicialmente centrada en el altar, para terminar finalmente situada en un lateral.

> *Esto -poder oficiar de cara a los fieles- requeriría, para poder ser practicado en Ronchamp, que quien oficie tomara el lugar de la cruz, se situara en el eje, tras el altar, y apartara la cruz a un lado. (...) Un dibujo, hecho unos días después de la consagración, el 13 de julio de 1955, podría indicar una primera intención: la cruz sigue haciendo parte del altar mayor, pero no está ya sobre su eje, sino algo desplazada a la derecha. Le Corbusier apunta al lado: "sí, autorizado".*[53]

---

[53] Quetglas, J., (2017) *Breviario de Ronchamp*. Madrid, Ediciones Asimétricas, p. 181/185.

La del altar no es la única cruz que encontramos en el interior de la iglesia de Marco de Canaveçes. Además de ésta, hay otra cruz mucho menos visible que aparece marcada en el pavimento nada más acceder al interior.

> *Cuando abrieron pusieron una cruz antigua. Pero yo quería hacer una iglesia donde no fuera preciso colocar una cruz para saber que era una iglesia, porque es una manera demasiado fácil. Quería que la propia arquitectura sugiriese que estabas dentro de un templo. Entonces me surgió una idea porque en el exterior, al lado, hay una cruz en piedra, y dejamos en la entrada esa junta que mucha gente ni siquiera aprecia como una cruz, pero está ahí.*[54]

Detalle de la cruz en el suelo. Imagen: Juan Rodríguez

---

[54] Ver Anexos. Entrevista realizada por el autor a Álvaro Siza en su estudio de Oporto en Enero de 2020.

También encontramos algunas cruces ocultas sutilmente en los encuentros del azulejo blanco que reviste algunas paredes:

> *Cuando una iglesia es inaugurada, va el Obispo a bendecir las paredes. Y coloca unas cruces en las cuatro paredes. Y yo no quería que eso fuera demasiado evidente, con cruces por todas partes. Entonces hice unos azulejos de forma que tienen un trazo que genera esa cruz, uno en cada pared. Entonces el Obispo cuando fue a inaugurar fue a estas cruces y ya no tuvo que poner otras. Y así ya no es un objeto a parte, forman parte del propio muro.*[55]

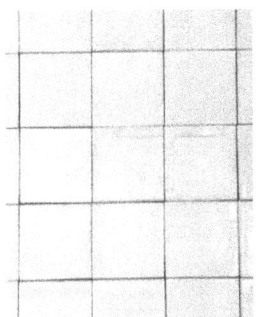

Cruz camuflada en los azulejos. Imagen del autor

En la planta inferior, el claustro hace las funciones de deambulatorio, en el que además de la lámina de agua hay otro elemento de importante significado.

Se trata del ciprés que encontramos en este espacio previo a la capilla mortuoria. Aunque no está probado, está muy extendida la creencia de que la cruz en la que murió Jesucristo estaba hecha de madera de ciprés, además de que para las antiguas civilizaciones griega y romana esta especie se relacionaba con la muerte. El poeta latino Horacio afirmaba que los cadáveres romanos eran con frecuencia envueltos en hojas de ciprés para facilitar su viaje hacia el más allá, mientras que Plinio el Viejo asegura en sus escritos que aquéllos que afrontaban la pérdida de un ser querido solían colocar una rama de ciprés en la puerta como señal de luto.

---

[55] Ver Anexos. Entrevista realizada por el autor a Álvaro Siza en su estudio de Oporto en Enero de 2020.

La madera de ciprés resiste y dura mucho tiempo. | Parece como si desafiase la carrera de la mortalidad | El que mediante el espíritu de Dios se prepara para la muerte | Sabiamente guiará su navecilla hacia la vida verdadera.

(Holiberg 1675).

Vista del claustro. Imagen del autor

La luz como elemento metafísico. Simbología de la luz

Fuente 01: La puerta principal

La puerta representa un umbral entre dos mundos: lo conocido y lo desconocido, la luz y la oscuridad, lo profano y lo sagrado.

Además de sus connotaciones simbológicas por la escala, el haz de luz que se cuela por este hueco tiene una carga metafórica muy potente. El rayo de luz que atraviesa el umbral e ilumina el camino hasta el altar es una representación de Dios, venido para guiar a los fieles desde el exterior hasta la zona más noble del espacio eclesiástico –el altar-.

La puerta como umbral entre lo humano y lo divino. Imagen: Juan Rodríguez

La puerta como umbral entre lo humano y lo divino. Imagen: Juan Rodríguez

Fuente 02: La ventana horizontal

La altura a la que se encuentra el hueco permite una conexión del feligrés con el exterior. Esto quiere representar la mayor apertura que, tras el Concilio Vaticano II, la Iglesia pretende transmitir. Ya no es un espacio cerrado y ensimismado, sino que busca conectar con la gente.

Además de esto, la estratificación y la luz que introduce esta fuente genera una frontera entre el basamento, visualmente más pesado (pétreo al exterior y de azulejo al interior), como representación del mundo terrenal, y el muro blanco que se eleva con un carácter mucho más ligero hacia el mundo celestial.

La rasgadura como frontera entre el mundo terrenal y el celestial. Imagen: Juan Rodríguez

Simbología de la luz asociada a la fuente. Imagen: Juan Rodríguez

Fuentes 03 y 04: Las ventanas situadas en la parte inferior y superior del baptisterio

Del mismo modo que ocurre con la ventana anterior, el ventanal bajo del baptisterio pretende representar una Iglesia más aperturista, permitiendo que la gente asista al bautismo incluso desde el atrio exterior. Para ello, resulta fundamental la ubicación del baptisterio junto al acceso de un modo más tradicional. Esto se basa en que el bautizado accede desde el exterior procedente del mundo terrenal, pero no es hasta que ha sido bautizado que puede unirse al resto de la comunidad y compartir con ésta el espacio de la nave central, más próximo a la idea de Dios.

La iluminación que la fuente de luz superior proporciona desciende desde una altura considerable con aparente verticalidad, para posarse sobre el bautizado de un modo similar al agua que el sacerdote deja caer sobre su frente. Por tanto, este efecto cargado de simbología pretende ser una metáfora de Dios, materializado en luz que desciende para posarse sobre el nuevo miembro de su comunidad e iluminarle en el camino que acaba de iniciar.

Simbología de la luz asociada a la fuente. Imagen: Juan Rodríguez

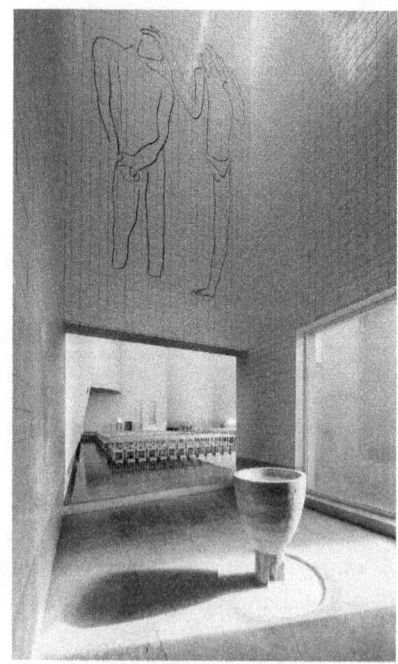

Simbología de la luz asociada a la fuente. Imagen: Juan Rodríguez

Fuente 05: Las ventanas del ábside

Los dos huecos del ábside bien podrían ser una metáfora de la Santísima Trinidad (el Padre y el Espíritu Santo), completada con la presencia del Hijo representado en la Cruz que en un principio iba a situarse en medio de estos dos huecos, aunque finalmente se decidió situarla en una posición más lateral. De este modo, el Padre y el Espíritu Santo adoptan la forma de Luz, que desciende a través de esta fuente de origen desconocido, mientras que el Hijo, enviado entre nosotros para salvarnos, se representa de una forma mucho más terrenal y próxima a los fieles con su posición en el altar.

Además de la simbología que los propios huecos o la luz confieren al espacio cultual al que sirven, el hecho de que esta fuente se sitúe en el altar también supone múltiples connotaciones simbológicas que no pueden ser pasadas por alto:

> *Es el lugar de encuentro con Dios. Es como una montaña (una etimología popular vincula altare a altus, alto) donde los hombres se aseguran de alcanzar a Dios. (...) El altar debe ser realzado mediante escalones para recordarnos que nos acerca a Dios, que es un lugar de encuentro, un umbral –una escalera de Jacob- que nos conecta al cielo.*[56]

Quizás quien mejor haya explicado esa simbología del altar en tanto que nexo de unión entre Dios y el hombre haya sido el arquitecto alemán Rudolf Schwarz:

> *A través del altar la tierra se alza hacia la luz; los escalones enfatizan la subida y la gente se coloca alrededor en el mismo orden que en el primer plan, mirando al centro. (...) En el punto en el cual el altar se levanta, pertenece simultáneamente a dos mundos. (...) Ahora el hombre está colocado allí. Sus pies se colocan separados sobre la tierra y su cabeza se eleva hacia la luz, desde abajo la oscura pesadez de la tierra fluye a través de él, desde arriba la luz lo inunda, y en él las dos corrientes se mezclan.*[57]

---

[56] VV.AA., (1960) "Bâtir et aménager les églises. Le lieu de la célebration", en *La Maison-Dieu*, nº 63, p. 105.

[57] Schwarz, R., (1958) *The Church Incarnated.* Washington D.C., Henry Regnery Company, p. 98/100. (Edición original en alemán, *Vom Bau der Kirche*, Berlag Lambert Schneider, Heildelberg, 1938).

Simbología de la luz asociada a la fuente. Imagen: Juan Rodríguez

Fuente 06: Las ventanas de la pared curvada norte

Por su posición y sus dimensiones, su luz invade la mayor parte de la nave principal con un carácter etéreo que se entiende como una metáfora de Dios como fuente de Luz, que todo lo abarca. Dicho carácter está reforzado por la reverberación en las paredes blancas, las formas curvadas y el retranqueo de los huecos que hacen que la luz parezca tener un origen desconocido y le confieren una atmósfera misteriosa que evoca lo sobrenatural.

Simbología de la luz asociada a la fuente. Imagen: Juan Rodríguez

Fuente 07: La ventana de la capilla mortuoria

Esta fuente de luz debe iluminar un espacio de atmósfera tenue que empatice con el espíritu de los presentes. Como define Pallasmaa en referencia a la sala del consejo del Ayuntamiento de Säynätsalo de Aalto, este *'hútero oscuro'* *"recrea un sentido místico y mitológico de comunidad; la oscuridad crea un sentido de solidaridad y fortalece el poder de la palabra hablada"*.[58]

---

[58] Pallasmaa, J., (2006) *Los ojos de la piel.* Barcelona, Gustavo Gili, p. 50.

Además, su posición en medio de un abocinamiento y sus dimensiones apenas significando una rasgadura en el muro contribuyen a permitir que el hueco resulte una metáfora de la luz al final del túnel; el inicio de un nuevo camino –el de la iluminación- que ahora empieza para el difunto al que se está guardando responso en este espacio.

Simbología de la luz asociada a la fuente. Imagen del autor.

TERCER MOVIMIENTO: COROLARIO

Los inicios de Álvaro Siza como arquitecto se producen en un contexto temporal complejo que, sin embargo, está cargado de oportunidades por la voluntad de regeneración y reconstrucción que tiene lugar, primero tras la II Guerra Mundial y más tarde tras la Revolución de los Claveles con la que Portugal se liberó del yugo de la Dictadura salazarista.

Su trabajo desconcierta a la crítica ya desde las primeras obras ante la muestra de una notable capacidad de innovación, complicando sobremanera el interés de dicha crítica de clasificarlo todo bajo alguna etiqueta o adscribirlo a alguna corriente. Vernacular, contextualista, organicista... son sólo algunos ejemplos de las etiquetas que, por méritos propios y sin hacer ruido, Siza se ha ido descolgando a fuerza de ampliar sus fronteras proyectuales hasta convertirse en uno de los grandes referentes de la arquitectura contemporánea desde hace varias décadas. Ha sido capaz de reinventarse para pasar de proyectar como un taller artesano a hacerlo de forma mucho más sistematizada, adaptándose a los nuevos tiempos, pero sin descuidar en ningún caso la coherencia conceptual y el rigor meticuloso en todo lo que produce, ofreciendo como resultado grandes muestras de arquitectura desde los años cincuenta hasta la actualidad que se nutren fundamentalmente del cuidado diálogo sutil entre la luz y los demás materiales en volúmenes que surgen del programa y de la lectura del contexto, sin artificios innecesarios, de forma que lo que en sus edificios es, siempre tiene una razón de ser.

En su evolución desde las primeras obras, al cobijo de Fernando Távora de forma directa y bajo la influencia de grandes nombres del Movimiento Moderno como Le Corbusier o Alvar Aalto principalmente, Siza persigue una especie de progresismo perpetuo, rehuyendo las arquitecturas de postal tan recurrentes hoy en día como vacías de reflexión teórica en muchos casos.

Su obra se extiende y reconoce en todo el mundo, precisamente por ser capaz de nutrirse de los valores locales y del contexto que el proyecto ofrece en cada situación, con especial mérito a destacar cuando estos entornos son para él desconocidos a priori, consiguiendo en la mayor parte de los casos no sólo que el edificio se inserte y dialogue respetuosamente con el contexto existente, sino también contribuyendo a que éste se revalorice al aportarle un valor añadido.

Siza deja constancia de que los elementos que ocupan un lugar en su memoria se activan en cualquier momento para dar respuesta a un entorno que de pronto parece demandar de su arquitectura para revitalizarse, mostrando a sus ojos de forma evidente aspectos que por lo general no lo son para el resto hasta que se muestran en el resultado.

Si bien él entiende toda su obra como un único proyecto de aprendizaje continuo, son muchas las voces autorizadas que coinciden en señalar la iglesia de Santa Maria en Marco de Canaveçes como el paradigma de su obra donde alcanza madurez y plenitud esa amalgama perfecta entre contexto, espacio y luz, que desempeña un papel absolutamente protagonista a lo largo de toda su obra, y que cobra aquí especial relevancia -más allá de sus propiedades físicas y sus cualidades perceptivas- por su profundo carácter simbólico dentro del ámbito de la arquitectura religiosa.

Al igual que ocurre con la totalidad de la obra de Siza, la iglesia de Santa Maria en Marco de Canaveçes se caracteriza por estar proyectada desde la moderación y la armonía de las partes al servicio del todo; en el plano físico, sus dimensiones y proporciones responden a un entramado de relaciones entre los distintos elementos –áureas en ocasiones- que armonizan el conjunto. Igualmente ocurre en lo que se refiere a la luz natural, potenciada mediante el uso del color blanco -que recubre el hormigón gris de la estructura portante y optimiza la cantidad de luz hasta en un 80%- y por la utilización de vidrios laminados dobles en los huecos, que difuminan los rayos de sol que se cuelan en el interior consiguiendo generar una atmósfera de cierto misterio sobrenatural que evoca a lo trascendente y acerca al usuario a lo divino en su experiencia fenomenológica del espacio-tiempo arquitectónico propuesto.

El arquitecto renuncia a los claroscuros propios del Barroco y a los efectos cromáticos del Gótico, que hicieron de la luz la seña de identidad de los edificios religiosos de esas épocas, apostando en su lugar por una iluminación uniforme sin grandes alteraciones más allá de las derivadas del paso natural del tiempo en el discurrir del día, que guarda más similitudes con la utilizada en períodos como el Renacimiento o el Neoclasicismo.

Por otra parte, la alargada hendidura de la fachada sureste establece una importante unión entre el interior y el exterior, que permite a la iglesia abrirse al espacio circundante y diluye la barrera entre el espacio sagrado y el espacio profano, en contraposición al concepto de iglesia como espacio recluido y aislado del exterior que facilite la introspección del feligrés. Con ello, Siza asume el compromiso lanzado por el Concilio Vaticano II de una Iglesia que se manifieste más próxima a sus fieles, al tiempo que muestra un profundo respeto por la tradición eclesiástica respaldada por cientos de años de Historia que desaconsejan una ruptura traumática, abogando en su lugar por una transición moderada y respetuosa que se adapte a los nuevos tiempos sin olvidar de dónde viene y las fuentes de las que debe nutrirse para seguir preservando su esencia.

Por otra parte, la luz que a través de los dos huecos ilumina el altar resulta insuficiente a tenor de los dogmas que marca el Concilio Vaticano II, con los que el espacio interior de las iglesias deja de entenderse como un lugar de penumbra. Sin embargo, esta insuficiencia es premeditada y asumida como herramienta para potenciar la verticalidad del espacio del altar y, especialmente, para generar un ambiente de ascetismo que encuentra aquí su representación más patente.

Uno de los elementos que, como hemos visto, caracterizan la iluminación natural del espacio interior es ese estrecho y largo hueco que Siza dispone a una altura anormalmente baja en la fachada sur, de manera que el Sol nunca incide de forma directa a través de él, y permitiendo una conexión visual con el exterior que resulta del todo contraria a la tradición católica.

Realmente, la iluminación natural de la iglesia se produce de forma principal por el lado norte, con ese efecto sutil que rompe la simetría alterando la plástica del espacio interior. Con ello, Álvaro Siza *"recrea el espíritu de la iglesia cristiana primitiva proporcionando a la nave un carácter sobrenatural que reside, en gran medida, en la fluctuante presencia de la pared inclinada norte que ilumina la nave mediante altísimas ventanas."*[1]

Como se desprende de nuestro análisis, se trata de una superficie curvada configurada entre la línea recta a nivel de suelo y un arco circular en el techo, donde se ubican los mencionados tres grandes huecos que la perforan, en una solución que con facilidad evoca cierto 'sabor aaltiano'.

---

[1] Frampton, K., (2000) *Álvaro Siza Obra Completa.* Barcelona, Gustavo Gili, p. 18.

> *Alvar Aalto en su Iglesia de las Tres Cruces ya plantea un techo curvado al mismo tiempo que se perforaba con unas grandes luceras en la zona de incidencia del órgano. Frente a la apuesta clara por una secuencia determinada de iluminación lateral y perimetral en torno al espacio sagrado encontramos este punto peculiar, profundo y que hace perder cualquier elemento constructivo que lo cierre.[2]*

La asimetría que introducen estas curvas se prolonga en todo ese lateral al ensancharse el presbiterio, alojando así la sacristía y la bajada a la cripta del nivel inferior.

A pesar de la complejidad lumínica del espacio arquitectónico de la iglesia de Santa María, resulta muy destacable que todos los recursos empleados para esa iluminación natural son verdaderamente sencillos a nivel constructivo. No existen lucernarios en cubierta, ni que supongan complejidad constructiva o económicamente fuera del orden del proyecto, sino simplemente huecos verticales. La alargada rasgadura del sur es sencilla a nivel constructivo, y lo mismo ocurre con la luz introducida al altar, transmitida de manera eficaz pero muy simple.

Incluso el que, aparentemente, es el elemento más complejo y plástico del conjunto –la superficie alabeada de la pared norte con los tres huecos en su parte superior- está resuelto con una economía de medios total de manera bastante sencilla gracias a la construcción de los muros de hormigón armado.

> *Cuatro costillas inclinadas sirven de directriz y apoyo al liviano cierre que constituye la superficie alabeada y forman un triforio alto, dotado de suelo y de puertas sobre los pescantes que lo hacen continuo y cerrado al exterior mediante una simple galería acristalada. Pero todo esto no se ve: lo único que se percibe es que, en apariencia, las tres ventanas altas perforan un grueso muro. La solución de este mecanismo ilusorio es tan simple, eficaz y exenta de problemas como ingeniosa, logrando con ella la escondida teatralidad, el efecto barroco y orgánico, la sugestiva combinación de sencillez y plasticidad.[3]*

---

[2] Moral de Andrés, F., (2013) "Condiciones continuas: dos apuntes sobre la obra y la ciudad de Álvaro Siza", en *Arte y Ciudad: Revista de Investigación*, nº 3, p. 815.

[3] Capitel, A., (1998) "La iglesia parroquial de Santa María en Marco de Canavezes, Oporto. ¿La iglesia de un laico?", en *Pasajes de Arquitectura y Crítica*. Madrid, ETSAM, p. 22.

Podemos decir que en el caso de la iglesia de Santa Maria, la luz natural no sólo ayuda al usuario a percibir una secuencialidad espacial vinculada al recorrido sino que también contribuye a facilitar al usuario una diferenciación de usos dentro del espacio eclesiástico.

La luz que emiten las tres altas ventanas situadas en el muro norte de la iglesia aparece con la fuerza de sus radiaciones, para presionar y deformar el sólido plano, causando que éste se incline y curve. La luz direccional pinta entonces el espacio con efectos vaporosos, cuyo suave juego tonal es realzado por los muros vacíos. Ayudando a estabilizar la contracorriente de luz y reafirmar el eje de la liturgia, dos ventanas ciegas tras el altar iluminadas por una tronera oculta. Ánimos contrarios se desarrollan en otras zonas, como el baptisterio, donde la lluvia de luz se orienta hacia los azulejos artesanos y lleva hasta la pila bautismal un destello fluido. La capilla funeraria, situada bajo la iglesia, es de nuevo diferente. Tras una serie de escalones mortecinos y corredores sinuosos, surge ante nosotros lóbrega, telúrica, culminando en un espacio luminoso emplazado bajo la claridad de una tronera donde se coloca el ataúd.[4]

El resultado que se puede apreciar en la iglesia de Santa Maria, y en general en su obra, no es tanto consecuencia de una genialidad como resultado de un arduo proceso de trabajo, en el que inicialmente los dibujos permiten entender el contexto e imaginar los espacios, mediante un método de aproximación a base de repetición en el que se introducen centenares de cambios y variantes hasta dar con la solución definitiva, en muchos casos dibujada por la memoria.

Bajo una lectura fenomenológica, las soluciones adoptadas por el arquitecto resultan en un singular estímulo a la percepción humana.

Las decisiones sobre el manejo de la luz y la sombra hablan a favor de los personajes con los que Siza pudo contar durante la elaboración del proyecto. Personajes habitantes de Marco de Canaveçes, ciudad que experimenta cambios constantes de luz y sombra, resultado de la nubosidad durante todo el año y una intensidad de luz muy marcada durante los meses de verano. Los personajes, habituados a los cambios de intensidad de luz en esta región del valle del Duero, habrán sabido reconocer un espacio destinado al culto, a la oración, a

---

[4] Plummer, H., (2009) *La arquitectura de la luz natural*. Madrid, Blume, p. 212.

la liturgia, donde el paso del tiempo se ve representado por las variaciones de la luz y la transformación del paisaje; un espacio destinado a la soledad e intimidad, donde la penumbra y el aislamiento se hacen presentes y dan paso a lo desconocido.[5]

La manera en que la luz configura el interior de la iglesia contribuye a establecer una nueva forma de percibir la iglesia, de presenciar la liturgia y el espacio cultual asociado a ella. El empleo de los materiales y la forma en que éstos dialogan con la luz, así como la posición de los huecos para introducir la variable temporal subliman la experiencia del espacio arquitectónico.

En conclusión, la luz no es sólo un material constructivo más del espacio arquitectónico de la iglesia, sino que es el más importante desde el punto de vista de la experiencia perceptiva del usuario, generando en su diálogo con el espacio-tiempo una atmósfera repleta de experiencias cognitivas que ejemplifican de forma precisa las palabras empleadas por un miembro del jurado en el fallo del premio Pritzker concedido a Siza:

La arquitectura de Álvaro Siza es una alegría para los sentidos y eleva el espíritu. Cada línea y curva son colocadas con habilidad y certeza. Como los tempranos modernistas, sus formas, moldeadas por la luz, tienen una simplicidad cuidadosamente pensada, honesta. Estas formas solucionan problemas de diseño directamente. Si es necesaria una sombra, un plano sobresaliente es colocado para proporcionarla. Si se desea una vista, se hace una ventana. Escaleras, rampas y paredes, todo parece estar predestinado en un edificio de Siza. Sin embargo, tras un examen más atento, esta sencillez se revela como una gran complejidad. Una sutil maestría subraya lo que parecen ser creaciones naturales.[6]

Igualmente, la luz es la pieza fundamental del proyecto desde el punto de vista semiótico. Más allá de la simbología religiosa más evidente, el espacio generado en la iglesia de Marco de Canaveçes ofrece al usuario una atmósfera cargada de significado que lo vincula a lo sagrado.

---

[5] Reyes Torres, R., (2015) *Espacios intermedios frente al paisaje natural. Reflexiones sobre la obra de Álvaro Siza.* Tesis doctoral. Barcelona, Universitat Politècnica de Catalunya, p. 191.
[6] Lacy, B., (1992) Fallo del Jury del Pritzker Prize 1992. Traducido del original, disponible en inglés en: www.pritzkerprize.com (consultado en 20 de enero de 2016).

Al igual que ocurre en la arquitectura sacra de Le Corbusier, Siza consigue aquí representar espacios austeros construidos principalmente de silencio y de luz; pero una luz cargada de simbología metafórica que contribuye a facilitar la conexión entre el hombre y Dios.

Para Le Corbusier, el sentido de lo sacro es mucho más cósmico que panteísta o religioso en un sentido confesional. Si bien la iglesia de Santa Maria no tiene un carácter cósmico tan evidente como pueda ser el caso de Firminy, como ocurre en los templos católicos proyectados por el suizo, Álvaro Siza aplica aquí muchas de las tesis defendidas por Jean Hani en su libro *Le symbolisme du temple chrétien*[7], escrito en 1962, vinculando a la arquitectura religiosa católica la dimensión cósmica, ya presente en los primeros espacios cultuales de las civilizaciones antiguas y, en cierto modo, diluido en los últimos siglos.

Esta concepción del espacio sagrado recuerda también a la definición de iglesia tantas veces repetida por Fisac: *"Un trozo de aire sagrado; un trozo de aire en donde el hombre se incline –por el ambiente material, sensorial que le rodea- a ponerse en contacto con lo sobrenatural."*[8]

Para Fisac, y también para Siza, la sacralidad de la iglesia no radica ni en las cualidades del objeto ni en el hecho de ser o no consagrada, sino en las percepciones subjetivas que su atmósfera es capaz de insuflar en el usuario. Por ello, Siza centra sus esfuerzos en componer esa atmósfera que permita al feligrés sentirse en un espacio sagrado, que lo conecta con lo sobrenatural a través de la luz y su simbología, mucho más que en llenar el espacio de signos de evidente simbolismo.

Las características del espacio sagrado total, descritas por Rex D. Martienssen para el caso del santuario griego y generalizadas por Mircea Eliade[9] para cualquier experiencia religiosa de cualquier época, se manifiestan de forma bastante fidedigna en la iglesia de Santa Maria:

---

[7] Hani, J., (1962) *Le symbolisme du temple chrétien*. París, Editions Vega (existe traducción al español: (2016) El simbolismo del templo cristiano. Palma de Mallorca, Jose J. de Olañeta.
[8] Fisac, M., (1959) *Problemas de la Arquitectura Religiosa actual*. Barcelona, A, p. 4.
[9] N. del A.: para más información, ver Martiensssen, R. D., (2021) *La idea de espacio en la arquitectura griega*. Madrid, Ediciones Asimétricas (traducido del original de 1956) y Eliade, M., (2014) *Lo sagrado y lo profano: naturaleza de la religión*. Madrid, Paidos Ibérica (traducido del original de 1956).

- El lugar sagrado es el interior de un bosque, la cima de un monte o de una meseta. Desde fuera, desde el suelo profano, sólo se preserva su opacidad.

- La puerta del recinto no es un simple instante de paso sino un lugar por sí mismo, un tránsito. La puerta prolonga el tiempo de entrada, la vuelve difícil y consciente. Obliga a emprender un verdadero 'camino de perfección' para ingresar en el interior.

- Una vez dentro, el interior del espacio cerrado se descubre como abierto hacia un exterior que se descubre mayor y más importante que el exterior del que procedemos-. Desde ese momento, el espacio verdaderamente cerrado es el espacio profano, que solo se abre sobre sí mismo.

En el interior del recinto sagrado se experimenta la continuidad entre los tres niveles: el fondo de la tierra, el suelo donde transcurre nuestra vida y las bóvedas celestes; o, si queréis, la condición de nuestro cuerpo, la experiencia de nuestra vida en el mundo, y nuestra razón. Un axis mundi comunica en vertical los tres niveles. Incluso en su caso más elemental, en el sacrificio ritual, la sangre de la víctima empapa el suelo y baja hacia el fondo, mientras el humo y el fuego ascienden aire arriba.

El espacio profano no puede crecer sino por extensión, a ras de suelo, en superficie y, por ello, el movimiento en su interior es horizontal. Mientras que, en el interior del espacio sagrado se avanza siguiendo la estela del axis mundi que comunica un nivel con los otros, en vertical.[10]

En síntesis, desde las primeras muestras de arquitectura de la Historia la luz natural ha sido el denominador común a todas las tendencias, corrientes y estilos que han ido sucediéndose. Asumida la incapacidad de actuar directamente sobre la fuente emisora, el dominio de la luz natural mediante el empleo de distintos mecanismos de control se manifiesta como la razón principal de ser de las arquitecturas que van desde Stonehenge hasta nuestros días. No únicamente con el propósito de introducirla en el interior de los espacios con el objetivo de hacerlos

---

[10] Quetglás, J., (2017) *Breviario de Ronchamp*. Barcelona, Ediciones Asimétricas, p. 274.

visibles sino también de someterla al carácter configurador asociado a cada época. Desde la Prehistoria o el Período Clásico a la Revolución Industrial o el Movimiento Moderno, los avances tecnológicos introducidos en cada época han contribuido a permitir nuevas formas de construcción que en ningún caso han relegado a un segundo plano el papel de la luz natural como material configurador del espacio construido.

Dentro de la arquitectura, posiblemente la tipología que mejor permite entender la relación de los edificios de todas las corrientes con la luz ha sido la del templo. Posiblemente esto se deba, entre otros motivos, a que si bien podemos hallar la dimensión metafísica de la luz en edificios de cualquier tipología, es en los de este tipo en los que, además de las propiedades puramente físicas de la luz y su cualidad perceptual, la luz introduce con más fuerza la variable metafísica debido al carácter simbólico que adquiere como manifestación de lo bueno, lo divino o lo sagrado.

En el caso de los templos católicos, la Iglesia introduce en la segunda mitad del siglo XX una serie de cambios regeneradores en su liturgia que requieren una nueva forma de construir templos, adaptados a una sociedad cambiante pero sin descuidar sus orígenes con siglos de tradición.

Con todos estos ingredientes previos, la tríada que conforman la Luz, Álvaro Siza y su proyecto de la iglesia de Santa Maria en Marco de Canaveçes supone la conjunción perfecta que permite articular un discurso en torno al papel crucial que representa la luz como material constructivo del espacio-tiempo arquitectónico de nuestra época.

La obra de Siza nace en las Piscinas das Marés y en Boa Nova, crece en Berlín y en Évora, pero se hace adulta en Marco de Canaveçes.

La Arquitectura de cualquier período y estilo artístico es indisociable de la Luz.

La Arquitectura de la segunda mitad del siglo XX y principio del XXI tiene uno de sus máximos representantes en la figura de Álvaro Siza.

La Arquitectura de Siza no se entiende sin la Luz como elemento configurador del espacio.

Así pues, la Arquitectura, especialmente la religiosa, nos lleva a la Luz. La Luz nos lleva a Siza y él nos conduce a Marco de Canaveçes. Y viceversa.

Como en una especie de regresión, la iglesia de Marco de Canaveçes habla de Siza. A través de ella, Siza habla de sus influencias, de otros espacios que, al igual que el suyo, fueron construidos a partir de la Luz; y la Luz de la iglesia habla de arquitecturas religiosas construidas siglos atrás.

La iglesia de Santa Maria es el resultado de un dilatado debate en torno a la correcta organización espacial de las iglesias post-conciliares, en busca de un espacio más democratizado que aproxime a los celebrantes a su asamblea. Sin embargo, Siza considera necesario diseñar una iglesia que tuviera tildes de conservadora, y fruto de ello preserva la simetría y el marcado eje central que conduce al celebrante hasta el altar, proyecta las dos torres que enmarcan la gran puerta de acceso, o mantiene la ubicación del baptisterio en su posición tradicional próxima al acceso entre otros resquicios de tradición presentes en su proyecto.

Pero al mismo tiempo Siza estudia con precisión los movimientos que realizan los miembros de la asamblea durante la ceremonia en la actualidad, y es a partir de esta coreografía casi teatral que decide la ubicación de cada uno de los elementos del Presbiterio.

Santa Maria de Marco de Canaveçes bebe de Ronchamp o la Iglesia de las Tres Cruces, pero también se nutre de muchos otros proyectos más lejanos en el tiempo y el espacio. No es el final del camino, sino una parada más en él. La que representa el paradigma de la arquitectura de nuestro tiempo a través de una muestra de arquitectura religiosa donde la luz construye el espacio-tiempo arquitectónico tal y como demanda la sociedad del momento, del mismo modo que en su día hicieron esos otros edificios que siglos o décadas después seguimos teniendo tan presentes, por lo que son pero también por lo que representan en tanto que paradigma de la arquitectura de su tiempo.

Álvaro Siza es en parte Le Corbusier, es Aalto, es Távora, es Fisac... Pero es mucho más. Es el necesario nexo de unión entre la ruptura con la tradición propugnada por el Movimiento Moderno y la Arquitectura actual.

Es el elemento canalizador entre aquella Iglesia construida sobre siglos de tradición y ésta que, herida de necesidad, busca regenerarse para aproximarse de nuevo a sus fieles.

La iglesia de Santa Maria configura una especie de patrón basado en la interpretación de las necesidades y realidades del contexto social y físico en que se integran. Sólo así es posible que el elemento construido funcione como nexo entre sus usuarios y el entorno circundante.

> Los patrones que integran su obra ofrecen una clara lectura de las relaciones dialécticas que se producen entre el exterior y el interior, lo sagrado y lo profano, lo vernacular y lo moderno, es decir, entre las múltiples relaciones que sus umbrales traman poéticamente y que contienen la síntesis de lo heterogéneo, la inteligibilidad y la intertextualidad de cada lugar.[11]

Precisamente en base a esto, la iglesia de Santa Maria en Marco de Canaveçes, y también Álvaro Siza, responden más al '*cómo*' que al '*qué*'. Son la herramienta que permite contar '*cómo*' se manifiesta el '*qué*'.

Porque el '*qué*' es la luz. Siempre lo ha sido. La Luz es la cuestión principal de la Arquitectura de todos los tiempos, también del nuestro. Es el material que mayor influencia tiene en la configuración de cualquier espacio arquitectónico construido bajo cualquier estilo de cualquier época. Hace visibles al resto de materiales y al propio espacio, y además, lo dota de identidad propia. Es capaz de dialogar con el espacio, pero también con el usuario e introduce en el espacio la cuarta dimensión (la variable temporal).

Respecto al '*cómo*', se ha considerado útil por razones prácticas disgregar el análisis del espacio y de la luz desde las tres perspectivas (física, fenomenológica y metafísica), precisando nuevamente que se trata únicamente de una forma de clasificación y que, en la realidad construida, estas tres lecturas resultan indisociables y deben ser entendidas como parte de un todo y en ningún caso como propiedades independientes de una misma cosa.

---

[11] Reyes Torres, R., (2015) *Espacios intermedios frente al paisaje natural. Reflexiones sobre la obra de Álvaro Siza,*. Tesis doctoral. Barcelona, Universitat Politècnica de Catalunya, p. 201.

Sólo de este modo es posible disfrutar de una experiencia plena de la Arquitectura, tal y como Siza describía sentirse visitando la obra de Barragán; tal y como se siente uno al visitar su iglesia en Marco de Canaveçes:

> *Una Arquitectura que nos envuelve como presencia física, simple y densa, imposible de describir, de imitar o de fotografiar; universal y actual. El exterior no agrede; se torna arquitectura anónima. No obstante –inesperadamente y por momentos- habita la soledad de las cosas perfectas; irrumpe nítido como detalle salido de un paisaje desenfocado.*
>
> *Alguien nos conduce por los espacios. Deslizamos.*
>
> *No apetece hablar; y todo es único, pero nunca absorbente. La luz favorece el descanso, o el éxtasis. ¿Y el color? Acompaña el variable estado del Alma. Nunca es definitivo.*[12]

¿Acaso algo lo es?

---

[12] Siza, Á., (2014) "Barragán", en *Textos*. Madrid, Abada Editores, p. 156.

EPÍLOGO.
EL ELOGIO DE LA LUZ

En la Arquitectura, la luz natural es especialmente valiosa. Se trata de uno de los elementos más poderosos y versátiles con los que los arquitectos podemos trabajar. La forma en que la luz interactúa con los espacios arquitectónicos no solo afecta la estética de un edificio, sino también influye en la experiencia de quienes lo habitan y visitan. La luz puede transformar por completo la percepción de un espacio, creando ambientes que van desde lo acogedor y cálido hasta lo abierto y vibrante.

Junichiro Tanizaki aborda la importancia de la luz en sus escritos, convirtiéndose en una temática recurrente que se discute en contraposición a la sombra, protagonista de la que es tal vez su obra más conocida para nosotros los arquitectos. Aunque el autor elogia principalmente la belleza de la sombra y la penumbra en la cultura japonesa, también deja constancia de ideas sobre la luz que son de gran interés.

Examina cómo la elección de la iluminación y el uso de la luz natural en la arquitectura pueden influir en la experiencia de los espacios y destaca cómo la arquitectura japonesa tradicional a menudo incorpora la sombra de manera deliberada en su diseño, lo que añade profundidad y misterio a los espacios y otorga un valor añadido a la luz que se acaba convirtiendo en un material dentro del proyecto. De hecho, la habilidad de utilizar la luz como material en la arquitectura es un aspecto fundamental que ha evolucionado a lo largo de la historia de la construcción. Como se pone de manifiesto en el conjunto de la obra de Álvaro Siza, la luz, en lugar de ser simplemente un elemento que ilumina el espacio, se ha convertido en un material versátil y poderoso empleado para dar forma, significado y atmósfera a cada proyecto.

En el caso de la iglesia de Santa Maria de Marco de Canaveçes la destreza del maestro portugués, le conduce a establecer una atmósfera que permite transportar a los fieles a un estado de recogimiento como el que se alcanzaba en los templos medievales donde se prescindía de todo elemento ornamental para conseguir una máxima concentración y paz interior. También, tal y como queda reflejado en este libro, formalmente define la atmósfera, con una serie de aberturas estratégicamente ubicadas que permiten la entrada de la luz natural en diferentes momentos del día y durante las estaciones del año. Asimismo, Siza consigue dotar al edificio de un estado de ánimo propio que le otorga una personalidad perceptible desde el momento en el que se accede.

Retomando a Tanizaki, el escritor japonés se hace eco de la apreciación de los reflejos y brillos sutiles que la luz puede crear en distintas superficies, como la laca y la cerámica. Estos reflejos, según él, contribuyen a la belleza y la riqueza de la cultura (en su caso japonesa, pero extensible a la nuestra también y, en el caso de la iglesia de Santa Maria de Marco de Canaveçes, Siza los consigue empleando materiales con esta misma propiedad como el mármol y el azulejo). Además, Tanizaki habla sobre cómo la luz natural y su interacción con la arquitectura japonesa tradicional a menudo se integran con la naturaleza circundante, lo que crea una conexión armoniosa entre el interior y el exterior, del mismo modo en que Siza abre esa ventana horizontal para generar esa unión entre ambos espacios.

La habilidad de utilizar la luz como material en arquitectura ha evolucionado con el tiempo y se ha convertido en una herramienta esencial para la creación de entornos que van más allá de la simple funcionalidad, desempeñando un papel crucial en la definición de la estética, la funcionalidad y la experiencia del usuario, así como también, en este caso particular, de espiritualidad, convirtiéndose en un componente esencial en la paleta de herramientas de Álvaro Siza para poder entender esta obra maestra de la arquitectura contemporánea.

Como el lector ha podido comprobar, el trabajo llevado a cabo por Raúl García se ha preocupado por revelar y poner en valor la importancia de la luz en una obra tan significativa como la descrita, aportando una nueva visión que vas más allá de la iglesia de Santa Maria de Marco de Canaveçes, con ideas de gran interés que ahondan en los principios de una buena arquitectura.

Fran Silvestre

ENTREVISTA A ÁLVARO SIZA

Extracto de una entrevista realizada a Álvaro Siza, arquitecto portugués ganador del premio Pritzker en 1992, que tuvo lugar en su estudio de Oporto en dos partes -diciembre de 2016 y enero de 2020-, en la que nos habla de arquitectura, de su obra, y de la importancia de la Luz como parte esencial del proyecto y del proceso creativo, reflejado de forma paradigmática en la iglesia de Santa Maria en Marco de Canaveçes.

1º MOVIMIENTO: ARQUITECTURA Y LUZ

1. Históricamente ha existido una figura, especialmente en el Renacimiento, que ha dado algunos de los personajes más interesantes de la Historia. Sin embargo, la figura del artista total se ha perdido… El arquitecto parece cada vez más alejado de la figura de artista/artesano y más próximo a un Director de Orquesta… ¿Se puede hacer buena arquitectura sin interesarse por las otras artes?

AS: Coordinar está bien porque el saber incluido hoy en la Arquitectura es tan complejo, con la exigencia de confort, medidas, estructural, normativa… Se tornó muy complejo, de forma que o alguien coordina o caemos en la Torre de Babel. Y es lo que está sucediendo muchas veces; por ejemplo, uno hace un proyecto y después lo entrega a un ingeniero que hace lo mejor que sabe respecto a la imagen, y luego pasa a un paisajista que hace el jardín y luego pasa a un interiorista que hace los interiores… Creo que quien está capacitado para esa coordinación es el arquitecto. Porque no es un especialista. O será un especialista de no ser especialista. Coordinar no es sólo escuchar y poner en contacto. Es tener una idea, un concepto, y luego los participantes se concentran en el resultado final, que es el arquitecto quien lo coordina.

- El arquitecto debe saber un poco de todo pero no ser especialista de nada en concreto.

AS: Sí, saber un poco de todo sí… Y con la experiencia sabe un poco más. Pero no sustituir al ingeniero de estructuras, al paisajista… sino ponerlos a trabajar en conjunto y conquistar y defender la integridad del proyecto. Por tanto no es un coordinador neutro. Es un coordinador con un objetivo claro, eso es fundamental. Hoy es imposible una formación que abarque e incluya en profundidad todos los saberes que se concentran en la Arquitec-

tura y el proyecto. Claro que los equipos nuevos son un apoyo muy importante. Rápido en unas fases, lento en otras. El boceto es mucho más rápido, no es comparable. Por eso la importancia del dibujo también en la formación de los arquitectos es grande. De ninguna forma se puede dialogar más rápidamente con imágenes implícitas que con el boceto.

Yo estoy empezando ahora mismo a concretar un proyecto (muestra su cuaderno repleto de bocetos). Son estudios para el interior de este proyecto. Aquí puedo ensayar muchas hipótesis. Esto el computador no lo hace de esa forma. Puedo intentar, criticar, cambiar, seleccionar...

- ¿Es posible integrar la luz con dibujos en esa fase tan inicial del proyecto?

AS: Claro que es posible. Es contemporáneo con todo el resto. Después están la maqueta, el ordenador, conversaciones con ingenieros de las distintas especialidades. Ésta es una maqueta que es una Fundación, un pequeño Museo, en Portugal, aquí cerca (alarga la mano para coger dos maquetas de su mesa). Ésta es para estudiar exactamente la luz, una luz indirecta que entra, ilumina los nichos... Y claro que hay un sistema de iluminación indirecto pero hay que controlar como define el espacio. Por tanto, el diseño tiene la influencia también de cómo entra la luz. Una ventana... esta ventana (señala en su despacho) está aquí porque necesito luz aquí y porque tiene una vista muy buena. Podría no tenerla o podría estar allí y tendría que abrir la ventana allí. Por tanto, esto es una prueba de cómo interior y exterior son la misma cosa. Es absurdo encargarse uno de hacer el edificio y después llamar a otro para ver la luz, estudiar el interior, a menos que sea uno más, en equipo, siempre con una coordinación general. Pero en la fase inicial de un proyecto hay una cabeza sobre todo para pensar y captar a los otros y ponerlos en comunicación.

2. ¿No cree que la luz debería estudiarse en las Escuelas no desde un punto de vista técnico, sino como herramienta proyectual? Con el fin de enseñar a integrar la Luz a priori en lugar de añadirla a posteriori al espacio construido.

AS: Sí, y se hace. Yo trabajo con un ingeniero de luminotécnica, por ejemplo. Pienso en el tipo de luz indirecta, y su influencia en el espacio formal, pero hay un ingeniero especializado en electrotecnia, para controlar la in-

tensidad, las distancias y todo eso. Y este ingeniero lo hace con ordenador, construye una imagen virtual y luego puedo estudiar qué intensidad está en una pared, qué intensidad hay en el suelo… Es necesario para el rigor. Yo lo estudio con el apoyo de un ingeniero, y en las escuelas debe ser un tema como los otros, no es un tema especial. Es una parte del concepto de la Arquitectura.

La última cosa absurda que escuché o leí respecto a eso es un concurso en Portugal donde se exige en un equipo un coordinador ingeniero especializado. Es una cosa loca porque un especialista no puede coordinar. No es que el arquitecto vaya a decir a este ingeniero o aquél cómo hay que hacerlo. No va a decir al ingeniero de estructuras cuánto debe tener de alto la viga. Claro que con experiencia el arquitecto empieza a tener una noción de la dimensión que es necesaria, de cuánta superficie de iluminación es necesaria, pero para dar rigor a eso y también para ahorrar muchas horas de trabajo eventualmente inútil hay que trabajar con el que tiene la herramienta para ver la intensidad, etc.

- Hay una gran diferencia entre el significado de la luz natural en occidente/oriente. Para proyectos como los de Macao o Corea, por ejemplo, ¿existe en su caso un acercamiento a la cultura del lugar para abordar el tratamiento de la luz?

AS: Hay un aspecto climático, hay un aspecto geográfico y hay un aspecto cultural. Por ejemplo en Holanda hay mucha menos intensidad de luz, en general, que en Portugal o en España. Por tanto en principio las ventanas tienen que ser más grandes.

Luego hay aspectos culturales. Respecto a la luz, un ejemplo muy interesante es el de las casas árabes. Los palacios árabes y la tradición cultural que existe también en la Península. Si entras en La Alhambra ves un patio con luz fortísima, y luego un pórtico que disminuye un poco, y luego una secuencia de salas con mucha luz, luego pasas a una casi penumbra y hasta la oscuridad… y después vuelve la luz. Porque en realidad una casa sirve para proteger, para descansar y para socializar también. Y por tanto las necesidades de luz para el confort son distintas dentro de una casa. Es muy limitado ver la exigencia de tener la misma luz en todos los espacios. Es absurdo porque las necesidades son distintas. Pero eso sucede… Yo recuerdo *cuando iba a trabajar en el Metropolitano de Nápoles. Y ahí había una exigencia de que la intensidad de la luz fuera la misma en todas partes, medida con aparatos a un metro del suelo. Siempre la misma luz... Puede ser que en un sitio no haya necesidad de luz intensa. O unas oficinas, por ejemplo. No, todo igual. Y esto es absurdo, es una limitación cultural increíble.*

3. Nombraba antes La Alhambra... Usted ha dicho en alguna ocasión que es más fácil hacer un proyecto cuando hay una referencia fuerte, pero también piensa que construir en un lugar muy bello equivale a destruirlo... ¿qué ocurre en proyectos como el del Atrio de La Alhambra? ¿Impone el hecho de actuar en una obra con tanta relevancia y con una identidad tan marcada?

AS: Lo único que me apetece decir es que con todo el esfuerzo, con todos los concursos, jurado... Al final no se va a construir.. Pero éste es como cualquier proyecto. Puede haber una inhibición ante la calidad enorme pero hay también una sugestión mucho más profunda para encontrar el camino, para encontrar la solución arquitectónica venida de la calidad. Algo parecido ocurre en el Casco Histórico, porque en la periferia tienes mucha más dificultad porque no encuentras puntos de apoyo con el ambiente preexistente. Entonces para mí es mucho más tranquilo trabajar con una identidad muy marcada que trabajar en periferias.

4. Leyendo entrevistas, Siza ha sido catalogado de funcionalista, esencialista, racionalista, contextualista, pragmático, minimalista... ¿Cómo se define a sí mismo? ¿Cómo le gusta que le consideren?

AS: Lo que tengo que decir sobre eso es que hay demasiados '-ismos'. Los '-ismos' son inventados para poner orden en el análisis del conocimiento, por los historiadores, por los artistas mismos. Para saber la vía que se está analizando, que se está siguiendo, que es siempre una cosa para partir hacia otra. No es una cosa fija. De la misma forma que no se puede decir que Picasso es neoclásico, cubista, expresionista o surrealista... Es todo eso. Porque todo eso hace parte del patrimonio de su obra, de su conocimiento global.

5. En su obra, a veces inconscientemente, se aprecia la influencia de algunas referencias anteriores como Le Corbusier, Aalto, Loos, JP Oud…

AS: *Claro que las hay. Ése es el aprendizaje de cualquier arquitecto. Nosotros aprendemos viendo. No mirando. Viendo. Y claro que ese aprendizaje exige un gran margen de observación y de atención. Y por tanto en un cierto momento, uno ya no está concentrado en Le Corbusier o Frank Lloyd Wright, y vienen cuando es necesario. Por eso, cuanto más se ve más se tiene capacidad proyectual y más se está libre de caer en la copia.*

- A estas alturas de su vida, ¿Álvaro Siza encuentra referencias también en arquitectos jóvenes o su mejor referencia es la propia experiencia acumulada?

AS: *Claro que sí. No importa ser joven o viejo o del siglo XVI. Lo que se ve tiene un impacto. Puede ser una ayuda más tarde o puede no interesar, pero queda ahí. Todo lo que se ve tiene un interés, aunque sea de negación, de crítica negativa.*

6. Usted defiende que el gran talento de Le Corbusier era ser el hombre adecuado en el momento y el lugar adecuados…

AS: *Sí, el aparece en un momento de gran transformación en todo el mundo. En los años 20, años 30… Hay una enorme euforia después de la I Guerra Mundial, un apetito de vivir, de crear… es un momento donde la creación artística sufre un impulso tremendo. Más tarde sucede un poco lo mismo, cuando acaba la II Guerra Mundial, en los años 40. Y realmente Le Corbusier está ahí en ese momento y eso tiene un impacto enorme para un hombre tan sensible como era él.*

- ¿Cuál es el gran talento de Siza?

AS: *No creo que haya sido una cuestión de talento. Era una cuestión de trabajo, concentración y de ojos abiertos. Nada cae del cielo… Ojos y espíritu* (ríe).

- ¿Y su gran debilidad?

AS: La edad (ríe de nuevo).

- En una entrevista en 1998, afirmaba que le despiertan gran admiración arquitectos como Gehry o Herzog & de Meuron por su capacidad para resolver con brillantez la materialidad de los edificios, ya que esta 'materialidad' era su punto débil. ¿Actualmente sigue pensando lo mismo o cree haber resuelto esa debilidad?

AS: Sí. Hay más dudas... Hay más dudas, pero la duda sobre la materialidad del proyecto... No me lamento por tener tantas dudas, porque las dudas son un incentivo para el trabajo. Por tanto, en cierta medida, tengo y todos tenemos debilidades (muchas), de ahí que haya una concentración de relaciones, de diálogo, etc.

- Sin embargo, si entendemos la luz como un material constructivo más, el manejo que hace de ella en sus edificios está al alcance de muy pocos...

AS: Sí, es un material de proyecto sin duda. Pero la materialidad de un edificio es un concepto más amplio que la materialidad de la luz, o la de la fachada o la escalera...

7. En varias ocasiones ha explicado que entiende toda su obra como un único proyecto continuo...
¿Cree que en lo que respecta a la luz también guardan todos sus proyectos esa continuidad? ¿O cada uno tiene unas condiciones que lo hacen singular y único en el diálogo espacio-luz?

AS: También. Seguro que sí. Ahí hay también un aspecto de experiencia. Cuanto más puedes experimentar en concreto más se desarrolla tu capacidad como proyectista. Y nunca es suficiente la experiencia. Incluso la experiencia a veces es un enemigo.

2º MOVIMIENTO: LA IGLESIA

1. Mi investigación en torno a la Iglesia de Marco de Canaveçes se está organizando en clasificar su luz desde tres tipologías diferentes. Una es la luz física, la realidad objetiva sobre la luz que define si en cada uno de los huecos la luz es directa, indirecta, vertical, horizontal… Otro es la luz escénica o teatral; cómo el usuario percibe esa luz. Y el otro, que es el que más vamos a analizar en esta conversación, es la especial simbología que tiene esa luz al tratarse de una iglesia.

AS: Yo no pensé mucho en el significado y la simbología, en el fondo. Después son los usuarios los que buscan razones simbólicas. Hay toda una Historia de la luz en las iglesias, durante siglos, no sólo por razones técnicas sino también de intención. En el románico era penumbra. Después hay una razón técnica surgida de los arbotantes. Pero en el fondo esa evolución técnica corresponde mucho a la idea de dar más luz e iluminar más la iglesia. Pero siempre con un filtro, porque quien está dentro de una iglesia gótica no ve el exterior. Buscando siempre una idea de recogimiento.

Ahora bien… en la Iglesia de Marco hay una luz general, que viene de encima de las grandes ventanas orientadas al norte, y está relacionado con las iglesias manieristas, en que aparece la iglesia cerrada con las ventanas altas. Y también con la iglesia de Matosinhos, donde había unas ventanas altas con barandillas, que de pequeño cuando iba a la iglesia con mis padres me intrigaban porque nunca veía a nadie en esas barandillas y no sabía cómo se llegaba allí. Y es aquí donde está el origen de las ventanas altas de la iglesia de Marco, y el espesor de ese muro inclinado…

- Para que se vea la luz pero no se vea la ventana.

AS: Sí, exactamente, para dar profundidad. Se encuentran con el techo, y la pared empieza a inclinarse, como suspendida, para permitir ese espesor. Todo eso tiene que ver con la memoria, de asistir a misa de pequeño, y la intriga que me despertaban esas ventanas con su barandilla. Aquí hay un acceso que no es visible de inmediato, desde la sacristía en la parte anexa, hay una escalera que da acceso aquí (señala la parte superior del muro curvado).

2. Me llama la atención, revisando todos los planos del proyecto que hay en el archivo, que esa ventana es prácticamente igual desde los primeros estudios del anteproyecto hasta lo que finalmente se construye. Esa inclinación de la pared, el tamaño de los huecos, la curvatura... ¿estaba claro desde el principio?

AS: Estaba en la memoria. Tenía claro que aquí había que dar profundidad... por esta razón y otras. Después, en el proyecto hay mucho de recuerdos, de infancia...

- ¿Y de influencias inconscientes también? Mucha gente dice que esa pared tiene mucho sabor aaltiano...

AS: Sí, es bien posible, aunque no recuerdo ahora ningún edificio de Aalto que tenga una pared inclinada.

Otro recuerdo de infancia que tenía era la sensación de asfixia, de no poder ver para fuera nada.

- Y eso es lo que dio lugar a la ventana alargada de la pared sur.

AS: Exacto. Que se abre al valle, después se estropeó un poco con construcciones pero era una vista muy bonita. Esto tiene que ver con la relación del interior-exterior. Encuentro una simbología en eso que tiene que ver con la apertura de la iglesia a la sociedad.

- La iglesia después del Concilio Vaticano que pretende abrirse más...

AS: Eso es. Pero para mí fue más importante esa idea de no estar encerrado, como en mi recuerdo de infancia. Pero después está claro que surge alguna polémica con la altura, ya que está situada a una altura tal que sólo cuando estás de pie puedes ver el paisaje. Y cuando estás sentado, no ves hacia fuera. Y por eso hubo algunas críticas...

- Porque la gente decía que no se podía concentrar con esas vistas.

AS: Sí, una vez una señora me dijo eso, pero le dije "si no se puede concentrar es porque no quiere concentrarse. No mire hacia fuera."

3. Esa ventana alargada también simboliza la separación entre dos conceptos muy presentes en la iglesia, que es la presencia de dos escalas muy diferenciadas: la escala humana o terrenal, y la escala divina o celestial. Y esa ventana, además de visualmente, también en la parte inferior tiene un basamento más sólido y en la parte alta, tanto en el interior como en el exterior, es totalmente blanca, simbolizando la parte celestial.

AS: Sí, así es... Es una interpretación, pero sí que define de algún modo una especie de frontera horizontal...

Después está la gran puerta. Que por su orientación, cuando se abre (que no se abre todos los días, para eso está la otra puerta lateral) hay una cosa realmente interesante, ya que entra un rayo de luz que va a parar directamente al altar. En las fotografías se ve como un haz... No hay esa luz cuando la puerta está entreabierta.

4. Hay quien dice que esa luz simboliza a Dios guiándonos, señalándonos el camino hacia el altar.

AS: Es genial, pero yo nunca lo pensé... Para mí fue una sorpresa cuando vi por primera vez que el Sol entraba ahí de una forma tan recta, pero no pensé en eso previamente.

- Y el hecho de que la puerta sólo se abra algunos días, ¿era algo que ya se sabía durante el proyecto o se decidió después?

AS: Los días normales la gente entra por la puerta lateral. Pero cuando hace buen día, y en ocasiones especiales cuando hay mucha gente que quiere asistir a la misa, la gente se pone por aquí (dibuja el atrio exterior).

5. Hubo un debate importante sobre la posición del baptisterio; si debía estar más cerca de la entrada, o más cerca del altar.

AS: Sí, pero hubo muchas conversaciones posteriores, sobre todo con el párroco Nuno Higinio, que era una persona inteligente. Ya no es cura, dejó la iglesia y ahora se ha formado en filosofía. Y escribió un libro sobre la Iglesia de Marco. Pero había opiniones divididas, y toda la iglesia está impregnada del debate propugnado tras el Concilio Vaticano, donde hay un cambio fundamental en la posición del párroco, si está de espaldas o girado mirando a la gente. Y en relación al baptisterio, había unos teólogos consultados que lo veían mejor cerca del altar. Ése era el principio democrático, que toda la asamblea asistiera. Y había una opinión más conservadora de que el baptisterio debe estar o fuera o en la entrada porque el no bautizado no pertenece a la asamblea. Yo opté por ésta...

- Y esa ventana baja del baptisterio, ¿también busca esa idea de abrir más la iglesia al exterior? Para que la gente pueda asistir al bautizo sin estar necesariamente en el interior.

AS: *Sí, efectivamente. Y hay una cosa, una posición de la Iglesia después del Concilio Vaticano, que suscitó mucha polémica. Incluso hubo un cisma en Francia.*

- Ni siquiera los teólogos se ponen de acuerdo entre sí.

AS: *Ahora bien, después del Concilio hay una polémica. Primero, el Padre, estaba en esta posición* (de frente al ábside, dando la espalda a la asamblea) *y pasa a estar de frente a los feligreses. Estaba el tradicional ábside, que era el lugar más rico de las iglesias con retablos, detalles.... Y cuando el Padre estaba frente a él, ese espacio tenía que ver con el padre, que toda la asamblea viese al padre y toda la ceremonia de misa frente a ese espacio. Cuando el padre se gira hacia la asamblea, este espacio deja de tener el mismo significado. Esta forma en planta no ejerce una fuerza sobre esta posición del Padre, fue más porque yo tenía una sección cuadrada, y yo quería provocar una cierta verticalidad, esto es una idea antiquísima, y cuando hago ese movimiento así aparecen dos líneas verticales marcadas por las dos ventanas, y eso también te da la sensación de verticalidad. Yo no quería subir más.*

6. ¿Por qué son dos ventanas? Se ha dicho que simbolizan la Santísima Trinidad, pero en algún caso se piensa que los dos huecos personifican al Hijo y al Espíritu Santo, mientras que el Padre está encarnado por el sacerdote, que es su representante en la Tierra, y en otros se mantiene la teoría de que los dos huecos simbolizan el Padre y el Espíritu Santo, mientras que el hijo está presente mediante la cruz ubicada en el altar. ¿Cuál de ellas es la correcta?

AS: No… Nunca me atrevería a separar a la Santísima Trinidad (ríe). Esto tiene varias historias. Pero aquí había dos ventanas y en el centro estaba la cruz, de forma que se iluminaba con la luz que entra desde arriba, que llega hasta abajo a la capilla mortuoria. Finalmente se decide desplazar la cruz para no eclipsar ese espacio, la riqueza del ábside antiguo. Yo quería que esa entrada de luz generase un efecto de contraluz, por lo que aquí todo lo que pasa es bajo una luz misteriosa… Era por tanto una manera de ordenar el espacio del altar. Y la cruz, cubierta por una lámina dorada, hace que la luz se torne vibrante, parece que la luz vibra. Todo lo que está tiene varias razones: unas de carácter histórico, otras de memorias de infancia, otras de influencias a veces inconscientes…

7. De esa cruz sí que ha hablado mucho, de lo que le costó darle forma.

AS: Sí… Primero pensé en un escultor para hacer la cruz, con una imagen y demás. Pero después fui a un museo de arte sacra, y vi libros de arte sacra moderna, y en el capítulo de la escultura no encontré nada que se pareciese porque hay un trauma muy grande provocado por siglos de iglesias maravillosas con grandes figuras de Jesucristo, y los escultores están inhibidos. Y yo también me cohibí. La idea era primero hacer una especie de Cristo pero nunca me convencía demasiado. Después quise hacer una cruz donde se notara una cierta presencia humana, cierto cuerpo… a través del encuentro.

- Además de ésa, hay otra cruz que está en el pavimento, nada más entrar.

AS: ¡Así es! Cuando abrieron pusieron una cruz antigua aquí (en el altar). Pero yo quería hacer una iglesia donde no fuera preciso colocar una cruz para saber que era una iglesia, porque es una manera demasiado fácil. Quería que la propia arquitectura sugiriese que estabas dentro de un templo. Entonces me surgió una idea porque en el exterior, al lado, hay una cruz en piedra, y dejamos en la entrada esa junta que mucha gente ni siquiera aprecia como una cruz, pero está ahí.

- Y en algunos de los azulejos blancos también encontramos una cruz.

AS: Sí, eso es porque cuando una iglesia es inaugurada, va el Obispo a bendecir las cuatro paredes y les coloca ahí unas cruces. Y yo no quería que eso fuera demasiado evidente, con cruces por todas partes. Así que hice unos azulejos de forma que tienen un trazo que genera esa cruz, uno en cada pared. Cuando el Obispo fue a inaugurar se encontró con estas cruces y ya no tuvo que poner otras. Y así ya no es un objeto añadido, forman parte del propio muro.

8. La ventana alta del baptisterio, que proporciona luz desde un hueco no visible, cae en vertical como el agua bautismal y se vuelve además difusa con la vibración del reflejo en los azulejos. ¿También buscaba ese efecto de luz vibrante? ¿Simboliza a Dios descendiendo para posarse e iluminar al nuevo miembro de su Iglesia?

AS: Sí, yo tampoco lo pensé así pero es muy posible... Intentamos que la luz no interrumpiese la pared en ningún sitio. Es una luz extraña, porque está muy focalizada pero no marca ningún tipo de línea en el espacio.

9. La ventana de la capilla mortuoria –casi imperceptible al exterior- se muestra al interior como un fondo de perspectiva. Es el único resquicio de luz en un espacio premeditadamente umbrío. ¿Buscaba mostrarse como la luz al final del túnel, el nuevo camino que debe iniciar el difunto?

AS: Sí, aquí está la entrada a la capilla funeraria. Y hay dos piezas de madera, para los familiares... Y hay otra ventana y fuera hay una fuente. No sé si está en funcionamiento porque el padre Higinio se fue. Y también había una cruz en esta posición, que nunca se hizo. Pero la idea era que el espacio tuviera una iluminación acorde al ánimo de los familiares, y después se abre al exterior para los asistentes menos cercanos, que pueden estar fuera hablando o fumando.

10. Uno de los grandes méritos en la obra de Siza es hacer que los espacios presenten una belleza poética tras la que se esconde un gran rigor compositivo. Es sabido que la sección de la iglesia es cuadrada, ya que la nave presenta la misma altura que ancho. Sin embargo, analizando en más detalle la planta, aparecen numerosas 'coincidencias' de medidas que responden a una modulación o proporcionalidad con respecto a otras... ¿Esto es algo consciente o responde realmente a la casualidad?

AS: Sí, es posible. Porque cuando tenemos una idea, yo lo que suelo hacer no es tanto unas relaciones matemáticas, pero sí un trazado regulador a posteriori, para corregir las pequeñas variaciones. Por ejemplo muchas veces uso el rectángulo áureo. Y por ejemplo, las medidas que son tercios, o mitades… si esto son 90 y esto 120, pues lo ajusto para generar un orden. O lo inscribo en proporciones áureas. Porque eso garantiza que, por la experiencia de siglos, hay un orden de las proporciones muy riguroso que funciona. Pero primero es un concepto y un dibujo de partida, no es 'la sala va a tener tanto por tanto'. Se corrige y se le da rigor después. No sabía que aquí habíamos hecho esto, pero como te digo son trazados reguladores, no para la concepción del edificio sino para ajustarlo. A veces también para las ventanas, por ejemplo.

11. Aunque las transiciones son tan sutiles que pasan desapercibidas, realmente hay multitud de materiales en el interior de la iglesia… El pavimento cambia de material, el zócalo perimetral cambia de materialidad e incluso de altura según la zona, las paredes de azulejo… ¿Esto responde a una cuestión organizativa del espacio, a razones prácticas o también están pensados en función del efecto que se quiere conseguir para la luz que incide sobre ellos?

AS: Responde en parte a la organización del espacio. Proporciones entre partes que tienen diferentes usos. En el acceso por ejemplo es mármol, y en la parte más próxima al altar hay madera. En la entrada hay mármol para proteger la madera de la gente que viene con los pies, con polvo y demás, para progresivamente llegar al material más delicado, que es la madera. Por ejemplo en las paredes también, hay un rodapié diseñado especialmente para cada zona, por protección y también porque ayuda a la lectura del espacio, de los elementos y las proporciones. En el baptisterio hay mármol porque hay agua. Y las paredes son de azulejo para conseguir que la luz rebote y para trabajar esas figuras que dibujé después. Se puede hacer ese dibujo en el revoco, pero después hay que pintar así que es mejor hacerlo en un material que permita mantener ese dibujo, que además tiene relación con la luz.

BIBLIOGRAFÍA

ESTUDIOS SOBRE LA LUZ

Arnheim, R., (1993) *La luz, Arte y percepción visual*. Madrid, Alianza.

Da Vinci, L., (1986) *Seis libros sobre la luz y la sombra, Leonardo da Vinci. Tratado de Pintura*. Barcelona, Akal (impreso por primera vez en el siglo XVIII).

Gage, J., (1993) *Color y cultura*. Madrid, Siruela.

Geothe, J. W., (1999) *Teoría de los colores (1810)*. Madrid, Consejo General de la Arquitectura Técnica.

Gombrich, E. H., (1979) *Desde la luz a la pintura, Arte e ilusión*. Barcelona, Gustavo Gili.

Kepes, G., (1965) *Light as a Creative Medium*. Cambridge, Harvard University.

Malévitch, K., (2012) *La Luz y el Color*. Madrid, Lampreave.

Nieto Alcaide, V., (1989) *La luz, símbolo y sistema visual*. Madrid, Cátedra.

Sedlmayer, H., (2011) *La Luz en sus manifestaciones artísticas*. Madrid, Outer Ediciones, Col. "La luz y su anverso".

Stoichita, V., (1999) *Breve historia de la sombra*. Madrid, Siruela.

Tanizaki, J., (1994) *El elogio de la sombra*. Madrid, Siruela.

ESTUDIOS SOBRE LUZ Y ARQUITECTURA

Ando, T. y Pare, R., (2003) *Los colores de la luz*. Londres, Phaidon.

Campo Baeza, A., (2001) *La idea construida*. Buenos Aires, Nobuko-Universidad de Palermo.

Campo Baeza, A., (2009) *Pensar con las manos*. Buenos Aires, Nobuko-Universidad de Palermo.

Campo Baeza, A., (2012) *Principia Architectonica*. Madrid, Mairea.

Campo Baeza, A., (2016) *Varia Architectonica*. Madrid, Mairea.

De Miguel Arbonés, E., (2006) *La Luz en la configuración del espacio.* Tesis Doctoral. Madrid, Universidad Politécnica de Madrid.

Flagge, I., (1995) *Annual of light and architecture 1994.* Berlín, Ernst & Sohn.

Holl, S., (1993) *Light, Material and Detail.* Tokyo, G. A. Architect, n° 11.

Johnson, N. y Kahn, L., (2012) *Light is the theme: Louis I. Kahn and the Kimbell Art Museum*, New Haven, Yale University Press.

Kahn, L. I., (2003) *Escritos, conferencias y entrevistas.* Madrid, El Croquis.

Lam, W., (1992) *Perception & Lighting.* New York, Van Nostrand Reinhold.

Lam, W., (1986) *Sunlighting as formgiver for architecture.* New York, Van Nostrand Reinhold.

Llorente, M., (1988-89) *El encuentro de la luz y la sombra.* Arquitectura, n° 275-276.

Millet, M., (1996) *Light revealing architecture.* New York, Van Nostrand Reinhold.

Miyake, R., (1994) *Light & Space. Modern architecture.* Tokyo, A.D.A. Edita.

Navarro Baldeweg, J., (1993) *Del silencio a la luz.* Madrid, A&V, n° 44.

Navarro Baldeweg, J., (1999) *Figuras de luz en la luz, La habitación vacante.* Valencia, Pre-Textos.

Navarro Baldeweg, J., (2017) *Escritos.* Valencia, Pre-Textos.

Plummer, H., (1987) *Poetics of light.* Tokyo, A+U.

Plummer, H., (1995) *Light in Japanese architecture.* Tokyo, A+U.

Plummer, H., (1997) *Building with light.* London, Architectural Design.

Plummer, H., (2003) *Masters of Light.* Tokyo, A+U.

Valero, E., (2004) *La material intangible. Reflexiones sobre la Luz en el proyecto de arquitectura.* Valencia, Ediciones Generales de la Construcción.

Zevi, B., (1995) *La luz como forma arquitectónica.* México, Enlace, n° 11.

ESTUDIOS SOBRE ARQUITECTURA RELIGIOSA, FENOMENOLOGÍA Y SEMIÓTICA

Burckhardt, T., (2000) *Principios y métodos del arte sagrado.* Palma de Mallorca, Sophia Perennis.

Fernández Cobián, E., (2000) *El espacio sagrado en la arquitectura española contemporánea.* Tesis Doctoral. A Coruña, Universidade Da Coruña.

Holl, S., (1997) *Entrelazamientos.* Barcelona, Gustavo Gili.

Holl, S., (2001) *Cuestiones de percepción. Fenomenología de la arquitectura.* Barcelona, Gustavo Gili.

Kidder Smith, G.E., (1964) *The new churches of Europe.* New York, Holt, Rinehardt & Winston.

Linares de la Torre, O., (2014) *La estructuración del espacio arquitectónico por la gravedad y la luz.* Tesis Doctoral. Barcelona, Universitat Politècnica de Catalunya.

Merleau-Ponty, M., (1975) *Fenomenología de la percepción.* Barcelona, Península.

Pallasmaa, J., (2014) *Los ojos de la piel. La arquitectura y los sentidos.* Barcelona, Gustavo Gili.

Pallasmaa, J., (2016) *Habitar.* Barcelona, Gustavo Gili.

Quetglás, J., (2017) *Breviario de Ronchamp.* Barcelona, Ediciones Asimétricas.

VV.AA., (2007) *Arquitecturas de lo sagrado: memoria y proyecto. Actas del congreso internacional de arquitectura religiosa contemporánea.* Ourense, Universidade da Coruña.

Zumthor, P., (2006) *Atmósferas.* Barcelona, Gustavo Gili.

TEXTOS DE ÁLVARO SIZA

Libros de texto

Siza, Á., (2003) *Imaginar la evidencia.* Madrid, Abada Editores.

Siza, Á., (2012) *La palabra y el dibujo.* Madrid, Lampreave.

Siza, Á., (2014) *The Function of Beauty.* London, Phaidon.

Textos cortos y dispersos

La gran mayoría de los textos cortos escritos por Siza están publicados en cuatro obras organizadas por cuatro compiladores diferentes, además de algunos textos que se encuentran directamente en el Archivo Siza y que, en algunos casos, no se han publicado previamente:

Muro, C., (1994) *Álvaro Siza. Escrits*. Barcelona, Universitat Politècnica de Catalunya.

Angelillo, A., (1997) *Scritti di architettura*. Milán, Skira.

Llano, P. & Castanheira, C., (1995) *Álvaro Siza. Obras e projectos*. Barcelona, Electa.

Machabert, D., (2002) *Álvaro Siza. Des mots de rien du tout. Palavras sem importancia*. Saint- Étienne, Publications de L'Université de Saint- Étienne.

Independientemente de la fecha de publicación de los libros recopilatorios en que aparecen, los artículos se organizan cronológicamente del siguiente modo:

(1967) "Caro Nuno. Carta a Nuno Portas sobre os sus proyectos", en Angelillo, A., *Scritti di architettura*, ed. cit.

(1974) "Casa Bahia", en Muro, C., *Álvaro Siza. Escrits*, ed. cit.

(1978) "O procedimento inicial", en Muro, C., *Álvaro Siza. Escrits*, ed. cit.

(1979) "A maior parte", en Llano, P. y Castanheira, C., *Álvaro Siza: obras e projectos*, ed. cit.

(1981) "Construzione e recupero", en Angelillo, A., *Scritti di architettura*, ed. cit.

(1982) "Construir", en Muro, C., *Álvaro Siza. Escrits*, ed. cit.

(1983) "Progetti ad una esposizione", en Angelillo, A., *Scritti di architettura*, ed. cit.

(1984) "Sobre a dificuldade de desenhar um móvel", en Muro, C., *Álvaro Siza. Escrits*, ed. cit.

(1984) "O 25 de Abril e a transformação da cidade", en Angelillo, A., *Scritti di architettura*, ed. cit.

(1986) "Outro pequeno projecto", en Muro, C., *Álvaro Siza. Escrits*, ed. cit.

(1986) "Barcelona", en Angelillo, A., *Scritti di architettura*, ed. cit..

(1987) "A Ville Savoye revisitada", en Angelillo, A., *Scritti di architettura*, ed. cit.

(1987) "Alcino Soutinho è architetto da trenta anni", en Angelillo, A., *Scritti di architettura*, ed. cit.

(1988) "Santiago", en Llano, P. y Castanheira, C., *Álvaro Siza. Obras e projectos,* ed. cit.

(1988) "Natal", en Llano, P. y Castanheira, C., *Álvaro Siza. Obras e projectos,* ed. cit.

(1988) "Porto", en Angelillo, A., *Scritti di architettura*, ed. cit.

(1988) "Francesco Venezia", en Angelillo, A., *Scritti di architettura*, ed. cit.

(1989) "Vittorio Gregotti", en Muro, C., *Álvaro Siza. Escrits*, ed. cit.

(1990) "Eduardo Souto de Moura", en Angelillo, A., *Scritti di architettura*, ed. cit.

(1990) "Évora", en Muro, C., *Álvaro Siza. Escrits*, ed. cit.

(1992) "James Stirling", en Muro, C., *Álvaro Siza. Escrits*, ed. cit.

(1992) "Frank Lloyd Wright", en Angelillo, A., *Scritti di architettura*, ed. cit.

(1992) "A propósito da arquitectura de Fernando Távora", en Angelillo, A., *Scritti di architettura*, ed. cit.

(1992) "Architettura portoghese contemporánea", en Angelillo, A., *Scritti di architettura*, ed. cit.

(1992) "Arquitecturas de autor", en Machabert, D., *Álvaro Siza. Des mots de rien du tout*, ed. cit.

(1993) "Fernando Távora", en Muro, C., *Álvaro Siza. Escrits*, ed. cit.

(1993) "Fragmentos de um discurso", en Llano, P. y Castanheira, C., *Álvaro Siza. Obras e projectos,* ed. cit.

(1994) "Ritorno a Porto", en Angelillo, A., *Scritti di architettura*, ed. cit.

(1995) "Já é difícil desenhar uma cadeira", en Angelillo, A., *Scritti di architettura*, ed. cit.

(1995) "Costruire idee", en Angelillo, A., *Scritti di architettura*, ed. cit.

(1996) "Basílico", en Archivo Álvaro Siza. Textos de Siza.

(1996) "Matosinhos", en Angelillo, A., *Scritti di architettura*, ed. cit.

(1996-2002) "Fragmentos de um diário quase desaparecido", en Archivo Álvaro Siza. Textos de Siza.

(1998) "Mentiras de arquitectura", en Machabert, D., *Álvaro Siza. Des mots de rien du tout*, ed. cit.

(1998) "Óscar Niemeyer', en Archivo Álvaro Siza. Textos de Siza.

(1998) "A propósito de uma cabeleira prateada", en Archivo Álvaro Siza. Textos de Siza.

(1999) "A propósito de um velho artesão", en Machabert, D., *Álvaro Siza. Des mots de rien du tout*, ed. cit.

(2000) "Pessoas sob um céu azul imaginado", en Archivo Álvaro Siza. Textos de Siza.

(2000) "Sobre Arquitectura", en Archivo Álvaro Siza. Textos de Siza.

(2001) "O conceito proposto...", en Archivo Álvaro Siza. Textos de Siza.

(2001) "Texto Oiza", en Archivo Álvaro Siza. Textos de Siza.

(2001) "Objecto de vidro", en Archivo Álvaro Siza. Textos de Siza.

(2002) "Não sei escrever sobre a luz", en Archivo Álvaro Siza. Textos de Siza.

TEXTOS SOBRE ÁLVARO SIZA

Publicaciones monográficas

Cianchetta, A. & Molteni, E., (2004) *Álvaro Siza, Casas. 1954-2004*. Barcelona, Gustavo Gili.

Cruz, V., (2007) *Álvaro Siza: Conversaciones con Valdemar Cruz*. Barcelona, Gustavo Gili.

Fleck, B., (2004) *Álvaro Siza: Obras y proyectos, 1954-1992*. Madrid, Akal.

Frampton, K., (2000) *Álvaro Siza. Obra completa*. Barcelona, Gustavo Gili.

Jodidio, P., (1999) *Álvaro Siza*. Madrid, Taschen.

Pessanha, M., (2003) *Siza: Lugares sagrados – Monumentos*. Porto, Campo das Letras.

Rodrigues, J., (1992) *Álvaro Siza. Obra e método*. Porto, Civilização.

Rodríguez, J. & Seoane, C., (2015) *SizaxSiza*. Madrid, Fundación Arquia, Col. "Arquia/temas", n°38.

Santos, J.P., (1993) *Álvaro Siza. Obras y proyectos 1954-1992*. Barcelona, Gustavo Gili.

Testa, P., (1988) *A arquitectura de Álvaro Siza*. Porto, FAUP Publicaçoes.

Trigueiros, L., (1995) *Álvaro Siza. 1986-1995*. Lisboa, Blau.

Trigueiros, L., (1997) *Álvaro Siza. 1954-1976*. Lisboa, Blau, Lisboa.

VV.AA., (1989) *Álvaro Siza. Profesión poética*. Barcelona, Gustavo Gili.

VV.AA., (1994) *Álvaro Siza. 1958-1994*. Madrid, El Croquis, n° 68/69.

VV.AA., (2007) *Álvaro Siza. 1958-2000*. Madrid, El Croquis, n° 95.

VV.AA., (2008) *Álvaro Siza. 2001-2008*. Madrid, El Croquis, n° 140.

VV.AA., (2013) *Álvaro Siza. 2008-2013*. Madrid, El Croquis, n° 168/169.

VV.AA., (2019) *Álvaro Siza. De Oporto a Oriente*. Madrid, Arquitectura Viva, n° 212.

Artículos

Alonso García, E., (1997) "La magia del demiurgo", en *BAU: Revista de Arquitectura, Arte y Diseño*, n°16, pp. 72-75.

Arnuncio, J.C., (1992) "La Caja Vacía: sobre un proyecto de Álvaro Siza y Rolando Tongo para el centro parroquial de Marco de Canaveses", en *Anales de Arquitectura*, n°4, pp. 208-216.

Barros, H., (2009) "El dibujo de Álvaro Siza: pequeña historia", en *EGA: Revista de Expresión Gráfica*, n°14, pp. 176-179.

Capitel, A., (1998) "Álvaro Siza: La iglesia parroquial de Sta. María en Marco de Canaveses. ¿La iglesia de un laico?", en *Pasajes de Arquitectura y crítica*, n°2, p. 20-22.

Curtis, W., (1994) "Álvaro Siza: una arquitectura de bordes", en *El Croquis*, n° 68/69, pp. 32-45.

Curtis, W., (1999) "Notas sobre la invención: Álvaro Siza", en *El Croquis*, n°95, pp. 22-31.

Gregotti, V., (1981) "La pasión de Álvaro Siza", en *Summarios*, n°54, pp. 210-212.

Gregotti, V., (1998) "El otro", prefacio en *Imaginar la evidencia*, Abada Editores, Madrid, 2003, pp. 5-12.

Merí de la Maza, R., (2008) "En la órbita de Álvaro Siza (o crónica de un encargo imposible)", en *En Blanco: revista de Arquitectura*, n°1, pp. 18-21.

Oramas, L., (2009) "Puerta en la iglesia de Marco de Canaveses de Álvaro Siza", en *Boletín información técnica AITIM*, n°259, pp. 18-25.

Silvestre Navarro, F., (2008) *"Siza"*, en *En Blanco: revista de Arquitectura* n°1, p. 23.

Távora, F., (1992) "Homenaje a Álvaro Siza", en Frampton, K., *Álvaro Siza. Obra completa*, Gustavo Gili, pp. 18-24.

Entrevistas

Alameda, S., (2002) "Álvaro Siza, el alma de la casa", en *El País Semanal*, n° 1366. 1 de diciembre de 2002.

Curtis, W., (1999) "Una conversación con Álvaro Siza", en *El Croquis*, n° 95, pp. 6-21.

De la Mata, S. & Porras, F., (1988) "Entrevista Álvaro Siza", en *Arquitectura: revista del Colegio Oficial de Arquitectos de Madrid, n° 271-272*, p. 479.

Granero Martín, F., (2012) "Conversando con Álvaro Siza: El dibujo como liberación del espíritu", en *EGA: Revista de Expresión gráfica,* n°20, pp. 56-65.

Montejo Navas, A., (2008) "Entrevista a Álvaro Siza: La construcción del espacio", en *Lápiz: Revista internacional del arte, n°245*, pp. 46-63.

Salgado, J., (1990) "A propósito da reconstrução do Chiado", en *Álvaro Siza. A reconstrução do Chiado*, pp. 5-13.

Salgado, J., (1993) "A reconstrução do Chiado. Três anos depois", en *Álvaro Siza. A reconstrução do Chiado*, pp. 56-62.

www.ingramcontent.com/pod-product-compliance
Lightning Source LLC
Chambersburg PA
CBHW031317160426
43196CB00007B/565